PREFÁCIO

Nas entranhas da vida moderna, onde a ciência e a consciência se entrelaçam numa dança perpétua, emerge um tema de profunda relevância e urgência: as mudanças climáticas e seu impacto indelével na saúde humana. Esta obra é um convite à reflexão sobre como nossas escolhas, grandes e pequenas, tecem a tapeçaria do nosso futuro coletivo.

Vivemos numa época em que o sopro do vento carrega mais do que meros suspiros da natureza; ele sussurra histórias de transformações climáticas, um fenômeno tão antigo quanto o próprio tempo, mas agora acelerado pelas mãos humanas. Esta aceleração não é puramente uma questão de interesse acadêmico, mas uma realidade palpável que afeta a saúde de bilhões. Do derretimento das calotas polares à intensificação de eventos climáticos extremos, cada aspecto dessas mudanças carrega consigo implicações profundas para a saúde humana. A qualidade do ar que respiramos, a água que bebemos, a comida que consumimos, e até mesmo a incidência de doenças infecciosas, estão inexoravelmente ligadas ao clima do nosso planeta.

Neste livro, procuramos desvendar as complexidades científicas dessas interações, iluminando o caminho para uma compreensão mais profunda e empática de como as mudanças climáticas remodelam a experiência humana. Com um olhar que transcende os limites tradicionais da ciência, mergulhamos em uma jornada que é tanto uma investigação intelectual quanto uma peregrinação do coração. Ao longo destas páginas, você encontrará uma fusão de rigor científico e narrativas que visam não apenas informar, mas também inspirar.

A relevância deste tema para a atualidade é

inquestionável. Estamos no limiar de uma era onde as decisões tomadas hoje definirão o legado para as gerações futuras. É, portanto, uma bússola para navegar neste mundo em mudança, uma ferramenta para entender como podemos, individual e coletivamente, responder aos desafios impostos pelas mudanças climáticas. Esperamos que você não apenas compreenda melhor as interações entre o clima e a saúde, mas se sinta compelido a ser parte da mudança ativa necessária para um futuro mais saudável e sustentável.

À medida que avançamos nesta jornada literária, é patente reconhecer que as mudanças climáticas não são uma entidade distante, separada do cotidiano humano, mas uma força essencial que molda a nossa realidade de maneiras complexas. Este fenômeno, frequentemente percebido como um mero conjunto de estatísticas e projeções, na verdade, permeia a essência do nosso viver, influenciando desde os padrões de doenças até a estrutura dos nossos ecossistemas.

No cerne desta discussão está a ideia de que a saúde humana é um reflexo do meio ambiente em que vivemos. A alteração do clima global, impulsionada por atividades humanas como a queima de combustíveis fósseis e o desmatamento, desencadeia uma cascata de eventos que reconfiguram o equilíbrio da vida na Terra. Por exemplo, o aumento das temperaturas globais não apenas provoca ondas de calor mais frequentes e intensas, mas também altera os padrões de precipitação, afetando a disponibilidade de água potável e a produtividade agrícola. Tais mudanças têm implicações diretas para a nutrição humana e a incidência de doenças relacionadas à água. A ascensão de fenômenos climáticos extremos, como furacões, inundações e secas, traz consigo um aumento no risco de lesões, mortes e transtornos mentais. Estes eventos, frequentemente descritos como desastres naturais, são na verdade amplificados pelas ações humanas, tornando-se desastres antropogênicos. A vulnerabilidade a esses eventos não é distribuída igualmente; ela é profundamente influenciada por fatores socioeconômicos, com comunidades de baixa renda e grupos marginalizados enfrentando desproporcionalmente maiores riscos e impactos.

Ademais, as mudanças climáticas também catalisam a disseminação de doenças infecciosas. O aumento das temperaturas e a variação nos padrões de chuva criam condições favoráveis para a proliferação de vetores de doenças, como mosquitos, que são responsáveis pela transmissão de enfermidades como malária e dengue. Este fenômeno além de um grave problema de saúde pública, também um reflexo das intrincadas relações entre seres humanos, patógenos e o ambiente.

Este livro procura abordar essas questões com uma profundidade que vai além da superfície, buscando desvendar as complexas interconexões entre clima, saúde e sociedade. Através de uma narrativa que entrelaça dados científicos com histórias humanas, buscamos proporcionar uma compreensão holística das mudanças climáticas - não como um mero fenômeno ambiental, mas como um desafio central para a saúde e o bem-estar humano no século XXI.

À medida que concluímos este prefácio, é importante refletir sobre como cada um de nós nos comportamos nesta narrativa em constante evolução. Esta obra não se destina a ser uma mera exposição de fatos e teorias; ela aspira a ser um catalisador para ação e transformação. O que emerge de suas páginas é um chamado à responsabilidade coletiva e individual, um convite a reconsiderar nossa relação com o mundo natural e nosso impacto nele.

Neste contexto, é essencial destacar que as mudanças climáticas não são apenas uma questão de saúde física, mas também de saúde mental. O fenômeno da "eco-ansiedade", a angústia causada pela consciência das mudanças climáticas e seus impactos, é um exemplo palpável de como nossa saúde mental está intrinsecamente ligada ao estado do planeta. Este livro busca abordar essa dimensão muitas vezes negligenciada, explorando como a preocupação com o futuro do nosso planeta pode afetar nosso bem-estar psicológico. Este livro reconhece a necessidade de uma abordagem interdisciplinar para enfrentar os desafios impostos pelas mudanças climáticas. Com a colaboração entre diversas disciplinas, desde a climatologia até a saúde pública para desenvolver estratégias eficazes que possam mitigar os impactos na saúde e promover a adaptação às novas realidades climáticas, esperamos oferecer intuições que possam orientar políticas e práticas para um futuro mais saudável e sustentável.

Ao virar a última página deste prefácio, convidamos você, leitor, a embarcar nesta jornada de descoberta e reflexão. Este livro é uma ponte entre a ciência e a humanidade, entre o entendimento e a ação. Que as palavras aqui presentes sirvam como sementes para o crescimento do conhecimento e a germinação de um compromisso renovado com a saúde do nosso planeta e de todos os que nele habitam.

Com este prefácio, abrimos as portas para uma exploração profunda e transformadora, onde cada capítulo será um passo adiante na compreensão das complexas relações entre as mudanças climáticas e a saúde humana. Estamos no início de uma jornada que promete ser tanto desafiadora quanto enriquecedora, e é com grande expectativa que convidamos você a se juntar a nós nesta importante exploração.

CAPÍTULO 1: O QUE SÃO MUDANÇAS CLIMÁTICAS

O fenômeno das mudanças climáticas, em sua essência, constitui uma alteração duradoura e significativa nos padrões climáticos do planeta. Esta transformação não é um mero evento passageiro. Trata-se de uma profunda reconfiguração do sistema climático global, influenciada de maneira significativa pelas atividades humanas nos últimos séculos. É um tema que nos desafia a compreensão científica e a consciência coletiva da humanidade, pois implica uma reflexão sobre nossa relação com o ambiente e a responsabilidade que temos para com as gerações futuras.

Para entender as mudanças climáticas, é essencial começar pela concepção dos sistemas naturais que governam o clima da Terra. O clima é regulado por um delicado equilíbrio de entrada e saída de energia solar, um sistema que é influenciado por uma série de fatores naturais, como variações na órbita da Terra e atividade vulcânica. No entanto, o advento da Revolução Industrial marcou o início de uma nova era, onde as atividades humanas, especialmente a queima de combustíveis fósseis e alterações no uso da terra, perturbaram este equilíbrio. Os gases de efeito estufa, como o dióxido de carbono e o metano, aumentaram substancialmente na atmosfera, esse evento criou uma camada adicional que retém mais calor, levando ao fenômeno conhecido como aquecimento global.

É importante salientar que esse fenômeno não aprece de forma isolada; ele é acompanhado por mudanças em padrões de precipitação, derretimento de geleiras e calotas polares, aumento do nível do mar, e eventos climáticos extremos mais frequentes e intensos. Estas mudanças têm efeitos profundos nos ecossistemas naturais, nas sociedades humanas, afeta a agricultura, a saúde, a infraestrutura e as economias globais.

Para analisar as mudanças climáticas, os cientistas recorrem a uma variedade de métodos e ferramentas. Os modelos climáticos são fundamentais nesse processo, permitindo simulações baseadas em diferentes cenários de emissão de gases de efeito estufa. Embora estes modelos sejam poderosos, eles carregam incertezas inerentes, exigindo uma interpretação cuidadosa e contínua calibração com dados observacionais. Registros paleoclimáticos, como núcleos de gelo e anéis de árvores, podem oferecer uma janela para o clima passado, ajudando a entender a variabilidade natural do clima e a colocar as mudanças atuais em um contexto mais amplo. Entretanto, as mudanças climáticas, não são um desafio puramente técnico ou científico. Elas refletem desigualdades sociais e econômicas, com os impactos sendo sentidos de forma desproporcional pelas populações mais vulneráveis. A relação entre mudanças climáticas e biodiversidade é um aspecto crítico, pois a alteração dos padrões climáticos afeta a distribuição e a sobrevivência de inúmeras espécies, com consequências para os ecossistemas dos quais dependemos.

O aumento das temperaturas globais é apenas a ponta do *iceberg*, que desencadeia uma série de reações que alteram os delicados equilíbrios dos ecossistemas e impactam a vida humana de maneiras complexas e variadas. Este fenômeno estende seus braços por diferentes aspectos do mundo natural e humano, desde a alteração dos padrões migratórios de espécies até o incremento de eventos climáticos extremos.

Um dos efeitos mais visíveis e alarmantes das mudanças climáticas é a elevação do nível do mar. Este elemento, resultado do derretimento das calotas polares e glaciares, bem como da expansão térmica dos oceanos, ameaça as áreas costeiras habitadas por milhões de pessoas. Cidades litorâneas e pequenas ilhas enfrentam o risco crescente de inundações e erosão, um desafio que exige soluções urgentes e inovadoras em termos de planejamento urbano e gestão de recursos. As mudanças nos padrões das chuvas são uma consequência direta do aquecimento global. Regiões que antes eram marcadas por chuvas regulares agora enfrentam secas prolongadas, enquanto outras áreas experimentam pluviosidades mais intensas e frequentes. Essas variações afetam a disponibilidade de água para consumo humano, agricultura e geração de energia, e têm implicações profundas para a segurança alimentar e hídrica em escala global.

Outro aspecto crítico é o impacto das mudanças climáticas na biodiversidade, onde alterações nos padrões climáticos afetam habitats naturais e forçam espécies a migrar para novas áreas em busca de condições mais favoráveis, o que por sua vez altera as dinâmicas ecológicas e as interações entre diferentes espécies. Este processo pode levar à extinção de indivíduos ou comunidades inteiras que não conseguem se adaptar ou migrar, ou mesmo levar à introdução de novas espécies em ecossistemas onde podem se tornar invasivas. A perda de biodiversidade é uma preocupação grave, pois cada espécie é única no equilíbrio ecológico e na manutenção dos serviços ambientais dos quais dependemos.

Além das implicações ecológicas, as mudanças climáticas têm efeitos diretos sobre a saúde do homem. O aumento de temperaturas, por exemplo, eleva o risco de ondas de calor, que podem ter consequências graves, especialmente para populações vulneráveis, como crianças, idosos e comunidades em situações adversas. Aliás, as alterações climáticas podem intensificar a disseminação de doenças transmitidas por vetores, como a malária e a dengue, pois os mosquitos que transmitem essas doenças encontram em climas mais quentes condições mais favoráveis para sua proliferação. A compreensão desses impactos é vital para o desenvolvimento de estratégias eficazes de mitigação e adaptação. Essas estratégias devem ser diversas, abordando tanto a redução das emissões de gases de efeito estufa quanto a adaptação já em curso. Isso implica em uma transformação significativa em vários setores. Explorar essas mudanças e seus múltiplos impactos revela a complexidade deste desafio global. Não se trata de um problema ambiental;

é uma questão econômica, social e de saúde pública. As soluções para as mudanças climáticas exigem uma abordagem colaborativa e coordenada, envolvendo governos, setor privado, comunidades científicas e a sociedade como um todo.

Explorando ainda mais o conceito central de mudanças climáticas, é essencial pensar no ciclo do carbono e como as atividades humanas têm influenciado esse sistema de maneira decisiva. O ciclo do carbono, um dos ciclos biogeoquímicos fundamentais do planeta, descreve o movimento do carbono entre a atmosfera, a biosfera, os oceanos e a geosfera. Tradicionalmente, este ciclo tem mantido um equilíbrio relativamente estável, com a quantidade de carbono liberada na atmosfera sendo aproximadamente igual à quantidade absorvida por plantas e oceanos. No entanto, a queima de combustíveis fósseis e a alteração do uso da terra, especialmente o desmatamento, têm aumentado a quantidade de dióxido de carbono, desequilibrando esse ciclo e contribuindo para o aquecimento global. Essa compreensão é indispensável para entender as mudanças climáticas, pois revela como as emissões estão intrinsecamente ligadas a quase todas as facetas da atividade humana, desde a geração de energia até a agricultura e o desmatamento. Este entendimento também aponta para soluções potenciais, como a melhoria da eficiência energética, o desenvolvimento de fontes de energia renovável, o reflorestamento e a gestão sustentável dos recursos naturais, que podem ajudar a restaurar o equilíbrio.

Outro aspecto para a compreensão das mudanças no clima global é entender como as correntes oceânicas funcionam e como elas influenciam diretamente os padrões climáticos. Impulsionadas pelas diferenças de temperatura e salinidade da água do mar, as correntes desempenham função vital na regulação do clima ao redistribuir o calor pelo planeta. Mudanças nas correntes, devido ao aquecimento global e ao derretimento das calotas polares, podem levar a mudanças significativas nos padrões climáticos, como alterações nos regimes de chuvas e temperaturas, afetando ecossistemas, agricultura e condições de vida humana. Os oceanos absorvem uma grande quantidade de dióxido de carbono, ajudando a mitigar os efeitos do aquecimento. No entanto, este processo resulta na acidificação dos oceanos, o que pode ter consequências devastadoras para a vida marinha, especialmente para organismos com conchas ou esqueletos de carbonato de cálcio, como corais e moluscos. A acidificação dos oceanos é uma questão ambiental grave, que afeta as atividades humanas importantes e vitais, que dependem da saúde dos ecossistemas marinhos.

Outro elemento importante no estudo das mudanças climáticas é a análise de eventos extremos e como sua frequência e intensidade estão sendo influenciadas. Eventos como ondas de calor, secas, inundações, tempestades e incêndios florestais têm se tornado mais frequentes e severos, desafiando as capacidades de adaptação das sociedades humanas. Esses eventos extremos não são apenas indicadores das mudanças climáticas em andamento, mas também fornecem um vislumbre das possíveis condições climáticas futuras sob cenários de aquecimento contínuo.

É imperativo reconhecer a interação entre a atmosfera e a biosfera e como essa relação é afetada pelo fenômeno das mudanças climáticas. A atmosfera, uma camada fina de gases que envolve a Terra, funciona como um escudo protetor, mantendo as condições necessárias para a vida. A biosfera, que engloba todas as formas de vida no planeta, depende intrinsecamente do equilíbrio da atmosfera para sobreviver e prosperar. As mudanças climáticas, ao alterar a composição e as características da atmosfera, têm um impacto direto na biosfera, afetando a biodiversidade. Este fenômeno representa um dos maiores desafios que a humanidade enfrenta no século XXI, exigindo ações urgentes e coordenadas para mitigar seus impactos e adaptar-se às novas realidades. Este é um desafio que transcende fronteiras nacionais, culturas e gerações, e requer um esforço conjunto e persistente. As mudanças climáticas não são apenas uma questão ambiental, mas também um imperativo ético e moral, pois as decisões tomadas hoje determinarão o legado que deixaremos para as futuras gerações.

CAPÍTULO 2: HISTÓRIA DO CLIMA DA TERRA

O registro climático da Terra, que se estende por bilhões de anos, é um documento categórico para entender as dinâmicas do sistema climático do planeta. Iniciando na era pré-cambriana, período marcado pela formação inicial da atmosfera e dos oceanos, observa-se um planeta em processo de constante transformação, com variações climáticas significativas que influenciaram a evolução geológica e biológica.

Durante a era pré-cambriana, a Terra passou por episódios de intenso resfriamento, conhecidos como eventos de "bola de neve", em que grande parte da superfície terrestre foi coberta por gelo. Esses episódios foram seguidos por períodos de aquecimento, desencadeados por processos vulcânicos e alterações na composição atmosférica, particularmente o aumento natural de gases de efeito estufa. Essas flutuações extremas no clima tiveram implicações profundas na evolução da vida, desde a simples existência de organismos unicelulares até o surgimento de formas de vida mais complexas.

Avançando para o período Paleozoico, encontramos uma era de grandes mudanças climáticas e biológicas. Este período foi caracterizado por uma diversificação significativa da vida, com o surgimento de plantas terrestres e a evolução de ecossistemas complexos. As mudanças climáticas durante o Paleozoico incluíram períodos de aquecimento e resfriamento, influenciados por fatores como a deriva continental, atividade vulcânica e variações na concentração atmosférica de dióxido de carbono. O final do Paleozoico foi marcado pela maior extinção em massa da história da Terra, um evento que foi em parte influenciado por mudanças climáticas drásticas.

O período Mesozoico, frequentemente chamado de - Era dos Dinossauros - foi uma época de clima relativamente quente e estável. Durante este período, a configuração dos continentes continuou a evoluir, influenciando padrões climáticos e correntes oceânicas. O clima quente e úmido favoreceu a expansão de extensos ecossistemas florestais, proporcionando um ambiente propício para o florescimento de uma ampla gama de espécies.

O período Cenozoico, que se estende até os dias atuais, testemunhou uma série de mudanças climáticas significativas. O início deste período foi marcado por um clima relativamente quente, que gradualmente deu lugar a um resfriamento global. Este resfriamento culminou nas eras glaciais do Quaternário, caracterizadas por avanços e recuos periódicos das calotas polares e geleiras. Os ciclos glaciais e interglaciais do Quaternário, regulados em grande parte pelos ciclos de Milankovitch, tiveram um impacto profundo na evolução humana e na distribuição da flora e fauna.

A análise histórica do clima da Terra revela um padrão de mudanças naturais, impulsionadas por uma variedade de forças geológicas e astronômicas. No entanto, é essencial reconhecer que as mudanças climáticas observadas nos últimos séculos, particularmente desde a Revolução Industrial, diferem significativamente desses padrões históricos em termos de ritmo e escala. A influência humana está moldando o clima da Terra de maneiras sem precedentes na história geológica. A compreensão desta história climática é fundamental para apreciar a singularidade e a gravidade do desafio climático atual.

À medida que avançamos na análise histórica do clima da Terra, é crítico reconhecer a importância dos períodos glaciais e interglaciais do Quaternário, particularmente na formação das paisagens geográficas e no desenvolvimento de ecossistemas. Os ciclos glaciais, marcados por vastas expansões de gelo sobre os continentes, tiveram um impacto profundo na geomorfologia terrestre, esculpindo vales e montanhas e dando forma a muitos dos ambientes naturais que conhecemos hoje. Durante os períodos interglaciais, quando o gelo recuava, a vida prosperava, com ecossistemas se adaptando e evoluindo em resposta às mudanças nas condições climáticas.

Um aspecto fascinante da história do clima da Terra é o papel que os ciclos de Milankovitch desempenharam ao longo dos períodos glaciais e interglaciais. Estes ciclos, que envolvem variações na órbita da Terra, na inclinação do eixo terrestre e na precessão dos equinócios, influenciam a quantidade e a distribuição da radiação solar recebida pelo planeta. Essas variações orbitais e axiais foram fundamentais para desencadear as transições entre as eras glaciais e os períodos mais quentes, moldando o clima em escalas de tempo geológicas. Além dos ciclos de Milankovitch, outros fatores naturais, como a atividade vulcânica e as mudanças na composição da atmosfera, também desempenharam papéis significativos na história climática da Terra. Grandes erupções vulcânicas, por exemplo, podem ter um impacto de curto prazo, mas significativo, no clima, liberando grandes quantidades de cinzas e gases na atmosfera, o que pode levar ao resfriamento global temporário. Ao longo de períodos mais longos, mudanças na concentração de gases de efeito estufa na atmosfera, principalmente o dióxido de carbono e o metano, têm sido um motor importante para as variações climáticas.

Olhando para a história climática da Terra, fica claro que o clima sempre esteve em um estado de fluxo, com períodos de aquecimento e resfriamento ocorrendo em escalas de tempo variadas. No entanto, o que distingue o período atual de aquecimento global é a velocidade sem precedentes com que as mudanças estão ocorrendo e a clara influência das atividades humanas, particularmente desde a Revolução Industrial. As emissões antropogênicas de gases de efeito estufa estão alterando a atmosfera de maneira que não tem paralelo nos registros climáticos naturais da Terra, levando a um aquecimento global em uma escala e velocidade que não foram observadas em milênios.

É importante enfatizar a relevância das eras glaciais,

especialmente a mais recente, para a formação do ambiente natural e humano. Durante a última era glacial, vastas camadas de gelo cobriam grandes extensões do hemisfério norte, modelando a paisagem de maneiras que ainda hoje são visíveis. Com o recuo das geleiras, há cerca de 11.700 anos, iniciou-se o período Holoceno, uma época caracterizada por um clima relativamente estável e ameno. Este período propiciou o desenvolvimento e expansão das civilizações humanas, permitindo avanços na agricultura, urbanização e tecnologia. O Holoceno, até os tempos recentes, tem sido um período de clima extraordinariamente estável, proporcionando as condições necessárias para o florescimento da civilização humana como a conhecemos.

No entanto, apesar da aparente estabilidade do Holoceno, estudos paleoclimáticos revelam que houve variações climáticas significativas mesmo durante este período. Essas variações incluem eventos como o Ótimo Climático Medieval, um período de aquecimento relativo ocorrido entre os séculos X e XIV, e a Pequena Idade do Gelo, um período de resfriamento que ocorreu entre os séculos XIV e XIX. Esses eventos tiveram impactos substanciais nas sociedades humanas da época, afetando a agricultura, a expansão territorial, e até mesmo o curso da história. Por exemplo, a Pequena Idade do Gelo está associada a períodos de fome e doença na Europa, bem como a mudanças em práticas agrícolas e padrões de assentamento.

É importante notar, no entanto, que as variações climáticas do Holoceno, incluindo o Ótimo Climático Medieval e a Pequena Idade do Gelo, foram predominantemente regionais em sua extensão e não comparáveis em magnitude ou escala às mudanças climáticas globais observadas atualmente. Essas variações passadas foram impulsionadas por uma combinação de fatores naturais, como a atividade vulcânica, variações solares e mudanças nos padrões de circulação oceânica e atmosférica, diferindo fundamentalmente das causas antropogênicas das atuais mudanças climáticas. Ao estudar o passado climático da Terra, os cientistas podem discernir a influência de fatores naturais versus antropogênicos no clima. Este entendimento é vital para projetar futuras mudanças climáticas e para desenvolver estratégias eficazes de mitigação e adaptação. As evidências históricas indicam que o clima da Terra nunca foi estático, mas a velocidade e a escala das mudanças observadas nos últimos séculos são extraordinárias na história geológica.

Ao examinar a longa história do clima da Terra, torna-se evidente que estamos em uma encruzilhada crítica. As ações humanas têm o poder de moldar o clima de maneiras que podem sustentar ou comprometer a habitabilidade do planeta para as gerações futuras.

É fundamental considerar o impacto das mudanças climáticas sobre os ecossistemas e a biodiversidade ao longo das eras geológicas. Estes impactos são evidentes nos registros fósseis, que mostram como a vida na Terra respondeu a mudanças climáticas passadas. Durante períodos de aquecimento e resfriamento, as espécies se adaptaram, migraram ou se extinguiram, dependendo de sua capacidade de lidar com as novas condições ambientais. Estes eventos evolutivos e ecológicos destacam a interconexão entre clima, ecossistemas e biodiversidade.

Analisando mais de perto os eventos climáticos do passado, vemos que o clima da Terra tem sido um motor importante para a evolução. Por exemplo, as eras glaciais não apenas moldaram a geografia física do planeta, mas também influenciaram a migração e a evolução das espécies. Durante os períodos glaciais, algumas espécies se adaptaram a ambientes mais frios, enquanto outras migraram para refúgios mais quentes. Essas mudanças na distribuição das espécies tiveram efeitos em cascata nos ecossistemas, alterando as redes alimentares e as interações ecológicas. As flutuações climáticas no passado foram responsáveis por algumas das grandes extinções em massa na história da Terra. Essas extinções, causadas por mudanças climáticas abruptas e severas, resultaram na perda de uma grande porcentagem de espécies, remodelando significativamente a biodiversidade do planeta. Por exemplo, a extinção do Permiano-Triássico, a maior extinção em massa conhecida, foi parcialmente impulsionada por mudanças climáticas extremas, levando à perda de cerca de 95% das espécies marinhas.

No entanto, faz-se necessário diferenciar as mudanças climáticas naturais do passado das atuais mudanças antropogênicas. As mudanças climáticas históricas ocorreram em escalas de tempo geológicas e foram impulsionadas por processos naturais. Em contraste, as mudanças climáticas atuais estão ocorrendo em um ritmo muito mais rápido, dentro do escopo de décadas a séculos, e são impulsionadas principalmente pela atividade humana, particularmente pela emissão de gases de efeito estufa. Esta velocidade sem precedentes das mudanças atuais não oferece tempo suficiente para muitas espécies se adaptarem ou migrarem, aumentando o risco de extinções em massa e perdas significativas de biodiversidade.

Ao refletir sobre a história climática da Terra, é evidente que o clima sempre foi decisivo na moldagem da vida no planeta. As mudanças climáticas, seja por causas naturais ou antropogênicas, têm o potencial de alterar radicalmente os ecossistemas e a biodiversidade. Este conhecimento histórico é indispensável para entender a magnitude das mudanças climáticas atuais e suas possíveis consequências para o planeta e para a humanidade. Ele também destaca a importância de tomar medidas imediatas e eficazes para mitigar os impactos das mudanças climáticas e proteger os ecossistemas terrestres e marinhos, que são vitais para a sustentabilidade do planeta e o bem-estar humano.

Na época do Plioceno, que ocorreu entre 5,3 e 2,6 milhões de anos atrás, observamos um período de grande relevância climática. Durante o Plioceno, as concentrações de dióxido de carbono na atmosfera eram comparáveis às atuais, mas com um clima global significativamente mais quente. Este período é particularmente interessante para os cientistas climáticos, pois oferece um paralelo potencial para entender as futuras condições climáticas da Terra sob altas concentrações de CO_2. Estudos indicam que durante o Plioceno, as calotas polares eram menores e os níveis do mar significativamente mais elevados, sugerindo que o clima da Terra pode ser mais sensível às concentrações atmosféricas de CO_2 do que se pensava anteriormente.

Outro período digno de atenção é o Eoceno, que ocorreu entre aproximadamente 56 e 34 milhões de anos atrás. Durante o máximo térmico do Paleoceno-Eoceno, uma série de eventos de aquecimento extremo ocorreu, resultando em temperaturas globais muito mais elevadas do que as atuais. Esses eventos foram acompanhados por uma acidificação oceânica significativa e extinções em massa. O estudo desses períodos fornece estatísticas valiosas sobre os mecanismos do clima da Terra e as possíveis consequências de um aquecimento global descontrolado. A história climática da Terra também revela períodos em que o clima era drasticamente diferente do atual. Por exemplo, durante o Carbonífero, cerca de 359 a 299 milhões de anos atrás, altas concentrações de oxigênio na atmosfera e extensas florestas pantanosas caracterizavam o clima da Terra. Essas florestas pantanosas foram responsáveis pela formação de grandes depósitos de carvão que hoje utilizamos como combustíveis fósseis. A compreensão desse período ajuda a esclarecer a origem dos combustíveis fósseis e como funciona a biosfera no ciclo do carbono.

Cada um desses períodos históricos oferece uma visão única das complexas interações entre os componentes do sistema climático da Terra e como eles podem responder a diferentes forças. Ao estudar esses períodos, os cientistas podem identificar padrões e processos que são relevantes para compreender as mudanças climáticas atuais e antecipar futuras tendências climáticas.

Essa jornada pela história climática da Terra não apenas aprofunda nossa compreensão das forças que moldam o clima, mas também sublinha a importância de abordar as atuais mudanças climáticas com um senso de urgência e responsabilidade. A história nos mostra que o clima da Terra é capaz de mudanças rápidas e drásticas, e que o impacto das atividades humanas está impulsionando o sistema climático para um estado sem precedentes na história geológica recente. Este conhecimento histórico reforça a necessidade de uma abordagem proativa e informada para gerenciar o clima da Terra e salvaguardar o futuro do nosso planeta e de suas diversas formas de vida.

CAPÍTULO 3: CAUSAS DAS MUDANÇAS CLIMÁTICAS

As mudanças climáticas representam uma alteração complexa e abrangente nas condições meteorológicas de longo prazo, manifestando-se em variações na temperatura, precipitação, ventos, e outros fenômenos atmosféricos. Este capítulo explora as causas subjacentes às mudanças climáticas, abrangendo tanto os fatores naturais quanto aqueles induzidos pela atividade humana, ilustrando a intrincada teia de interações que moldam o clima do nosso planeta.

Inicialmente, é imperativo reconhecer que o sistema climático da Terra é influenciado por uma miríade de forças naturais, que vão desde variações na órbita terrestre até erupções vulcânicas e alterações na atividade solar. Esses fatores têm desempenhado papéis cruciais ao longo da história geológica da Terra, induzindo mudanças climáticas que podem ser rastreadas através de evidências paleoclimáticas. A variação orbital, por exemplo, conhecida como ciclos de Milankovitch, afeta a quantidade de radiação solar que a Terra recebe, levando a mudanças periódicas no clima, como as eras glaciais e interglaciais.

Paralelamente, as atividades humanas emergiram como um motor potente e predominante na modificação do clima, particularmente a partir do início da Revolução Industrial. A queima de combustíveis fósseis, como carvão, petróleo e gás natural, é a principal contribuinte, resultando na emissão massiva de gases de efeito estufa, como dióxido de carbono (CO_2), metano (CH4) e óxidos de nitrogênio (NOx). Esses gases atuam como uma capa na atmosfera, aprisionando o calor e elevando a temperatura global, um fenômeno conhecido como efeito estufa antropogênico. O desmatamento e as mudanças no uso da terra complementam essa dinâmica, reduzindo a capacidade do planeta de absorver CO_2 através da fotossíntese.

Um aspecto a ser considerado é a interação entre esses fatores naturais e antrópicos. Enquanto as forças naturais têm o potencial de instigar mudanças climáticas, as ações humanas estão acelerando e intensificando esses processos a um ritmo sem precedentes. Esta sinergia resulta em um sistema climático altamente dinâmico e, muitas vezes, imprevisível, onde pequenas mudanças podem ter efeitos cascata significativos. A urbanização e a industrialização contribuem para o efeito de ilha de calor urbano, exacerbando ainda mais o aquecimento localizado e alterando padrões climáticos regionais. Este fenômeno ocorre quando áreas urbanas, com sua alta concentração de superfícies artificiais e pouca vegetação, absorvem e retêm mais calor do que as áreas rurais circundantes, levando a temperaturas mais elevadas.

É importante destacar que a contribuição relativa desses fatores varia geograficamente e ao longo do tempo. Enquanto em algumas regiões as mudanças podem ser predominantemente impulsionadas por fatores naturais, em outras, a influência humana pode ser mais pronunciada. Essa complexidade reforça a necessidade de uma abordagem multifatorial e interdisciplinar no estudo das mudanças climáticas, englobando não apenas a climatologia, mas também a economia, sociologia, política, e outras disciplinas.

A industrialização acelerada, especialmente nos últimos dois séculos, levou a um aumento exponencial na liberação de gases de efeito estufa. Fábricas, usinas de energia e veículos motorizados, alimentados predominantemente por combustíveis fósseis, são os principais contribuintes para essa tendência. Essas emissões não apenas intensificam o efeito estufa, mas também contribuem para a poluição do ar, afetando diretamente a saúde humana.

A agricultura, por sua vez, também tem importância significativa. A criação de gado, especialmente bovinos, é uma fonte substancial de metano, um potente gás de efeito estufa. Práticas agrícolas como o cultivo de arroz inundado e o uso extensivo de fertilizantes nitrogenados liberam óxidos de nitrogênio. Estes gases, embora presentes em menores quantidades em comparação com o CO_2, têm um potencial de aquecimento global muito mais elevado. O uso da terra, que compreende o desmatamento, especialmente em regiões tropicais como a Amazônia, não só contribui para a emissão de CO_2 devido à queima e decomposição de madeira, mas também reduz a capacidade de sequestro de carbono dos ecossistemas. A perda desses ecossistemas não apenas acelera as mudanças climáticas, mas também tem implicações profundas para a biodiversidade e os serviços ecossistêmicos.

É essencial também considerar a contribuição da atividade humana para a acidificação dos oceanos. Os oceanos absorvem uma grande parte do CO_2 emitido, o que leva à formação de ácido carbônico, alterando a química do oceano. Esse processo tem consequências diretas para a vida marinha, afetando a saúde dos recifes de coral, organismos marinhos e, consequentemente, as comunidades humanas que dependem de ecossistemas marinhos para alimentação e economia. A interconexão entre as mudanças climáticas e os ciclos biogeoquímicos globais, como o ciclo do carbono e do nitrogênio, é outra área que merece atenção. Estes ciclos são fundamentais para a manutenção da vida na Terra e estão sendo alterados pelas atividades humanas de maneiras complexas e muitas vezes imprevisíveis. Torna-se claro que as causas das mudanças climáticas são multifatoriais e interconectadas, abrangendo uma ampla gama de atividades humanas e processos naturais. As cidades, com suas densas populações e infraestruturas concentradas, são grandes consumidoras de energia, grande parte dela proveniente de fontes fósseis. O consumo energético em áreas urbanas não se limita apenas às necessidades residenciais e comerciais, mas também inclui o transporte, a iluminação pública e as operações industriais. Essa demanda crescente por energia resulta em emissões adicionais de gases de efeito estufa, intensificando o efeito estufa antropogênico. A expansão urbana frequentemente ocorre às custas de áreas naturais, levando à perda de habitats e à redução da cobertura vegetal. Este processo não só contribui para o aumento das emissões de carbono devido à remoção da vegetação, mas também afeta a capacidade dos ecossistemas locais de atuar como sumidouros de carbono. As cidades também enfrentam desafios específicos relacionados às mudanças climáticas, como ilhas de calor urbanas, inundações e problemas de saúde pública exacerbados por condições climáticas extremas.

Outra consideração vital é o impacto da globalização e do comércio internacional nas mudanças climáticas. O comércio mundial implica em um transporte extensivo de mercadorias, frequentemente através de longas distâncias. Isso implica no uso intensivo de combustíveis fósseis para o transporte marítimo, aéreo e terrestre, contribuindo para um aumento nas emissões globais de gases de efeito estufa. A globalização pode levar à transferência de atividades poluentes de países com regulamentações ambientais mais rigorosas para aqueles com regulamentações mais brandas, um fenômeno conhecido como "fuga de carbono". Estilos de vida e padrões de consumo têm um impacto direto nas emissões de gases de efeito estufa. Por exemplo, dietas ricas em carne e laticínios, preferência por veículos de grande porte e consumo excessivo de bens e serviços contribuem significativamente para a pegada de carbono individual e coletiva. A interação entre a tecnologia e as mudanças climáticas também merece atenção. Enquanto o avanço tecnológico pode contribuir para as emissões de gases de efeito estufa, através do consumo de energia e da produção de bens, ele também oferece soluções potenciais. Inovações em energias renováveis, eficiência energética, captura e armazenamento de carbono, e agricultura sustentável são essenciais para mitigar as mudanças climáticas. O desafio está em equilibrar o crescimento tecnológico e econômico com a sustentabilidade ambiental.

As causas das mudanças climáticas são um mosaico complexo de fatores interligados, envolvendo desde as atividades econômicas e industriais até as escolhas individuais de consumo e estilo de vida. Essa compreensão abrangente é fundamental para desenvolver estratégias eficazes que abordem tanto as causas quanto os efeitos das mudanças climáticas, visando a promoção da saúde humana e a sustentabilidade ambiental. Embora a tecnologia tenha historicamente contribuído para o aumento das emissões de gases de efeito estufa, ela também oferece soluções promissoras para mitigar as mudanças climáticas. O desenvolvimento e a implementação de tecnologias limpas e renováveis, como a energia solar, eólica e hidrelétrica, representam passos fundamentais na redução da dependência de combustíveis fósseis. Além do mais, inovações em eficiência energética, tanto em indústrias quanto em residências, podem reduzir significativamente o consumo de energia e, por consequência, as emissões de carbono.

Outro aspecto importante é a gestão de resíduos e a reciclagem. O tratamento inadequado de resíduos, especialmente em aterros sanitários, é uma fonte significativa de metano. Estratégias eficazes de gestão de resíduos, incluindo a compostagem e a reciclagem, podem reduzir essas emissões, além de diminuir a demanda por matérias-primas e energia necessárias para a produção de novos produtos.

Adicionalmente, as mudanças no setor agrícola têm um papel central a desempenhar. Práticas agrícolas sustentáveis, como a agricultura de conservação, sistemas agroflorestais e o manejo integrado de pragas, podem reduzir as emissões de gases de efeito estufa e melhorar o sequestro de carbono no solo. O desenvolvimento e a adoção de dietas mais sustentáveis, com ênfase em produtos locais e de origem vegetal, têm o potencial de diminuir a pegada de carbono da cadeia alimentar.

O planejamento urbano e o design de cidades sustentáveis também são componentes chave na luta contra as mudanças climáticas. Cidades planejadas para minimizar a necessidade de transporte motorizado, promovendo o uso de transporte público, bicicletas e a caminhada, podem reduzir significativamente as emissões de carbono. A integração de espaços verdes nas áreas urbanas não só contribui para a absorção de CO_2, mas também melhora a qualidade do ar e oferece benefícios para a saúde mental e física dos habitantes urbanos. Programas educacionais e campanhas de sensibilização podem capacitar indivíduos e comunidades a tomar decisões mais sustentáveis e a pressionar por mudanças políticas e corporativas. A colaboração internacional e a formulação de políticas baseadas em evidências são cruciais. As mudanças climáticas requerem uma resposta coordenada. Políticas que incentivem a adoção de tecnologias limpas, promovam a eficiência energética e apoiem a transição para uma economia de baixo carbono são essenciais. É imperativo reconhecer a complexidade e a interconexão desses fatores. A aceleração das mudanças climáticas na era contemporânea é indissociável do desenvolvimento humano e das atividades econômicas globais. A queima de combustíveis fósseis, a expansão urbana, a industrialização, as práticas agrícolas intensivas, e o consumo insustentável estão entre os principais motores dessas mudanças. Ao mesmo tempo, fatores naturais, como variações orbitais e atividade vulcânica, continuam a exercer alguma contribuição nesses elementos, embora em um contexto agora profundamente modificado pela influência humana.

Neste panorama, uma estratégia eficaz deve abordar tanto a redução das emissões de gases de efeito estufa quanto a adaptação às mudanças climáticas já em curso. Isso inclui o desenvolvimento de tecnologias de energia limpa e sustentável, a implementação de práticas agrícolas e industriais mais ecológicas, o planejamento urbano inteligente, a promoção de estilos de vida sustentáveis e a educação ambiental. A cooperação internacional é fundamental. As mudanças climáticas não conhecem fronteiras; seus impactos e as respostas a eles precisam ser abordados através de esforços colaborativos em escala global. Políticas internacionais, acordos e iniciativas conjuntas são essenciais para enfrentar este desafio global de forma eficaz.

Também é importante enfatizar a importância da pesquisa científica contínua. À medida que avançamos em nosso entendimento das mudanças climáticas, devemos continuar a investigar e modelar seus complexos mecanismos e impactos. Isso não apenas aprimora nosso conhecimento, mas também informa a formulação de políticas e estratégias mais eficazes para mitigar e adaptar-se às mudanças climáticas. As causas das mudanças climáticas são múltiplas e entrelaçadas, envolvendo uma gama de fatores naturais e antrópicos. Abordar este desafio exige uma resposta holística, que integre a ciência, a tecnologia, a política, a economia e a ação social. Ao fazer isso, podemos aspirar a um futuro mais sustentável e saudável, protegendo não apenas o meio ambiente, mas também a saúde e o bem-estar das gerações presentes e futuras.

CAPÍTULO 4: MUDANÇAS CLIMÁTICAS E O EFEITO ESTUFA

O efeito estufa é um fenômeno natural essencial que regula a temperatura do planeta, permitindo que a Terra seja habitável. Este processo ocorre porque gases na atmosfera, como dióxido de carbono (CO_2), metano (CH_4) e vapor de água, absorvem e reemitem radiação infravermelha, evitando que todo o calor escape para o espaço. Desde a Revolução Industrial, no entanto, atividades humanas intensificaram este processo natural. A queima de combustíveis fósseis e o desmatamento aumentaram significativamente as concentrações desses gases na atmosfera, levando a um aquecimento global acelerado. Este efeito estufa ampliado está associado a eventos climáticos extremos, como ondas de calor e elevação do nível do mar, destacando a necessidade urgente de mitigação e adaptação.

No entanto, as atividades humanas, especialmente desde o início da Revolução Industrial, têm aumentado a concentração desses gases de efeito estufa na atmosfera, intensificando o efeito estufa natural e, consequentemente, levando a um aumento na temperatura média global. Este processo é frequentemente referido como o efeito estufa antropogênico. A principal causa desse aumento é a queima de combustíveis fósseis, como carvão, petróleo e gás natural, para energia e transporte, que libera grandes quantidades de CO_2. Atividades como o desmatamento reduzem a quantidade de CO_2 que é naturalmente absorvida pelas florestas, exacerbando ainda mais o problema.

O metano, outro gás de efeito estufa, é liberado durante

a produção e o transporte de carvão, petróleo e gás natural, bem como pela decomposição de resíduos orgânicos em aterros sanitários e a digestão de animais ruminantes, como o gado. Embora o metano permaneça na atmosfera por um período mais curto que o CO_2, seu potencial de aquecimento global é significativamente maior, tornando sua contribuição para as mudanças climáticas particularmente preocupante.

Outro gás relevante é o óxido nitroso (N2O), produzido por processos naturais e humanos, incluindo atividades agrícolas e industriais, bem como a queima de biomassa e combustíveis fósseis. Assim como o metano, o N2O tem um potencial de aquecimento global substancialmente maior do que o CO_2.

É importante notar que o efeito estufa não é um fenômeno estático, mas sim dinâmico, sujeito a variações devido a processos naturais e humanos. A intensificação do efeito estufa antropogênico está diretamente relacionada a eventos climáticos extremos, como ondas de calor, secas, tempestades intensas e elevação do nível do mar, impactando ecossistemas, biodiversidade e a vida humana de várias maneiras. O vapor, de água por sua vez, que é o principal gás de efeito estufa na atmosfera, não deve ser subestimado. Embora seja um componente natural da atmosfera e responda dinamicamente às mudanças climáticas (por exemplo, o ar mais quente pode conter mais vapor), as atividades humanas estão indiretamente aumentando sua concentração através do aquecimento global. Este aumento pode então amplificar o efeito estufa, num ciclo de retroalimentação que acelera ainda mais as mudanças climáticas. É essencial examinar as consequências e interações deste fenômeno com outros aspectos do sistema climático da Terra. A intensificação do efeito estufa antropogênico está intrinsecamente ligada a uma série de processos e *feedbacks* climáticos que podem tanto exacerbá-lo quanto ser exacerbados por ele.

Um dos aspectos mais significativos dessa dinâmica é o derretimento das calotas polares e geleiras, resultante do aquecimento global. À medida que o gelo, que é altamente reflexivo, derrete, menos radiação solar é refletida de volta para o espaço e mais é absorvida pela superfície terrestre e pelos oceanos, elevando ainda mais as temperaturas globais. Esse fenômeno, conhecido como *feedback* do albedo, acelera o aquecimento e contribui para um ciclo vicioso de derretimento de gelo e aumento de temperatura.

Outra consequência importante é a alteração dos padrões oceânicos e atmosféricos. O aquecimento global afeta a circulação termohalina, um sistema de correntes oceânicas nevrálgico na regulação do clima global. Alterações nessas correntes podem levar a mudanças climáticas extremas e imprevisíveis em diferentes partes do mundo. Além do mais, o aumento das temperaturas influencia os padrões de precipitação e a frequência de eventos climáticos extremos, como furacões, secas e ondas de calor, que têm impactos diretos e significativos na saúde humana, na agricultura e nos ecossistemas naturais.

A acidificação dos oceanos, provocada pela absorção de CO_2 atmosférico pelos oceanos, é outro efeito colateral preocupante. Essa acidificação tem consequências devastadoras para a vida marinha, especialmente para organismos que constroem esqueletos e conchas de carbonato de cálcio, como corais e moluscos. Isso não só afeta a biodiversidade marinha, mas também tem implicações para as comunidades humanas que dependem dos oceanos para alimentação e para a economia.

É fundamental reconhecer a relação entre o efeito estufa e os ciclos biogeoquímicos da Terra, como os ciclos do carbono e do nitrogênio. As atividades humanas estão alterando esses ciclos de maneiras complexas, afetando a capacidade da Terra de regular os gases de efeito estufa através de processos naturais como a fotossíntese e a fixação de nitrogênio. Essas alterações nos ciclos biogeoquímicos podem ter efeitos de longo alcance, não apenas no clima, mas também na saúde dos ecossistemas e na disponibilidade de recursos essenciais, como água potável e solo fértil.

Estamos lidando com um sistema complexo e

interconectado, no qual as ações humanas desempenham principais subsídios. Compreender essa complexidade é vital para desenvolver estratégias eficazes de mitigação e adaptação. As soluções passam por uma abordagem integrada que considere as interações entre a atmosfera, os oceanos, a biosfera e as atividades humanas, com o objetivo de preservar a estabilidade climática e proteger a saúde humana e os ecossistemas do planeta. Um dos impactos mais visíveis e imediatos do aumento das temperaturas é a alteração dos ecossistemas terrestres. Espécies de plantas e animais são forçadas a migrar para latitudes mais altas ou altitudes maiores em busca de climas mais adequados, levando a uma reestruturação dos ecossistemas. Essas mudanças podem resultar na perda de biodiversidade, na alteração de cadeias alimentares e na emergência de novas interações ecológicas, algumas das quais podem ser prejudiciais para os ecossistemas já estabelecidos. O aumento das temperaturas afeta diretamente a agricultura, um setor fundamental para a economia global e para a segurança alimentar. Mudanças nos padrões climáticos, como alterações nos regimes de chuvas e aumento de eventos climáticos extremos, podem reduzir a produtividade das colheitas e comprometer a segurança alimentar. Isso é particularmente preocupante para regiões já vulneráveis, onde a capacidade de adaptação é limitada e a dependência da agricultura é alta.

Outra consequência significativa do efeito estufa amplificado é a elevação do nível do mar, resultante do derretimento das calotas polares e geleiras, bem como da expansão térmica da água do mar. Esta elevação tem implicações diretas para as comunidades costeiras, aumentando o risco de inundações, erosão costeira e salinização dos lençóis freáticos. A elevação do nível do mar ameaça infraestruturas críticas, habitats costeiros e pode levar ao deslocamento de grandes populações. As implicações para a saúde humana também são uma área de grande preocupação. O aumento das temperaturas está associado a uma série de problemas de saúde, incluindo ondas de calor mais frequentes e intensas, que podem resultar em doenças relacionadas ao calor e até mortes. Mudanças nos padrões climáticos podem influenciar a distribuição de vetores de doenças, como mosquitos, aumentando o risco de doenças transmitidas por vetores, como a malária e a dengue.

A relação entre o efeito estufa, as mudanças climáticas e a qualidade do ar é outro aspecto crítico. O aumento das temperaturas pode intensificar a formação de poluentes atmosféricos, como o ozônio ao nível do solo, exacerbando problemas respiratórios e outras condições de saúde. Ao mesmo tempo, a poluição do ar agrava o efeito estufa, criando um ciclo de retroalimentação que aumenta ainda mais o aquecimento global.

Portanto, ao explorar como o efeito estufa afeta as mudanças climáticas, fica evidente que as repercussões vão muito além do aumento dos termômetros globais. Elas penetram em todos os aspectos do ambiente natural e humano, afetando ecossistemas, saúde, economia e sociedade de maneiras profundas e muitas vezes imprevistas. Entender a amplitude e a profundidade dessas implicações é fundamental para desenvolver estratégias abrangentes que possam efetivamente mitigar os impactos negativos e promover a resiliência frente a um clima em mudança.

O modelo econômico dominante, baseado no crescimento contínuo e no consumo intensivo de recursos, está intrinsecamente ligado ao aumento das emissões de gases de efeito estufa. Indústrias que dependem fortemente de combustíveis fósseis, como o setor de energia, transporte e manufatura, são grandes contribuintes para este aumento. A transição para uma economia de baixo carbono, embora vital, apresenta desafios significativos, tanto em termos de reestruturação industrial quanto na necessidade de inovação tecnológica e mudanças nas práticas de consumo.

As mudanças climáticas, impulsionadas pelo efeito estufa, estão remodelando o cenário geopolítico. A competição por recursos naturais, como água e terras cultiváveis, está se intensificando em um mundo onde o clima está se tornando cada vez mais imprevisível e extremo. Países e regiões enfrentam desafios distintos, com alguns sendo mais vulneráveis aos impactos das mudanças climáticas devido à sua localização geográfica ou situação econômica. Este cenário global em transformação exige cooperação internacional, mas também pode acirrar tensões e conflitos.

A questão da justiça climática também se faz presente nesta discussão. As mudanças climáticas têm impactos desproporcionais sobre populações vulneráveis, que muitas vezes são as menos responsáveis pelas emissões de gases de efeito estufa. Comunidades em regiões de baixa renda, pequenos agricultores, povos indígenas e habitantes de pequenas ilhas estão entre os mais afetados. Estes grupos enfrentam perdas de habitat, alterações em seus meios de subsistência e desafios à sua saúde e segurança, ampliando as desigualdades sociais e econômicas existentes.

No cenário brasileiro, por exemplo, o impacto das mudanças climáticas na Amazônia é uma preocupação particular. A degradação da maior floresta tropical do mundo, um importante sumidouro de carbono, não só contribui para o efeito estufa global, mas também afeta a biodiversidade, os ciclos hídricos e a vida das comunidades locais. Este é um exemplo de como as escolhas políticas e econômicas podem ter repercussões de longo alcance, não apenas localmente, mas também globalmente.

É necessário considerar as complexas interações entre o clima, a economia, a política e a sociedade. A resposta a este desafio requer não apenas inovação tecnológica e mudanças nas políticas, mas também uma transformação nas estruturas econômicas e nos comportamentos sociais, visando um futuro mais sustentável e justo. A mudança climática, exacerbada pelo efeito estufa antropogênico, desafia os paradigmas econômicos tradicionais. A transição para uma economia de baixo carbono implica não apenas em avanços tecnológicos e substituição de fontes de energia, mas também em uma reavaliação profunda dos nossos modelos de produção e consumo. Esta transição, embora desafiadora, oferece oportunidades para inovação, desenvolvimento de novas indústrias e criação de empregos, movendo as economias em direção a um futuro mais sustentável. É uma narrativa que enfatiza a possibilidade de um crescimento econômico alinhado com a preservação ambiental e a responsabilidade social.

No âmbito social, a problemática do efeito estufa e das mudanças climáticas é uma questão de equidade e justiça. As populações mais vulneráveis são frequentemente as mais afetadas pelos impactos das mudanças climáticas, apesar de terem contribuído menos para o problema. A necessidade de uma abordagem inclusiva e justa na formulação de políticas climáticas é mais do que uma questão ambiental; é uma questão de direitos humanos e justiça social. A adoção de medidas que considerem as necessidades e vozes das comunidades mais impactadas é fundamental para garantir uma transição justa e equitativa. A complexidade científica do tema, combinada com as diversas implicações socioeconômicas, requer uma narrativa que seja ao mesmo tempo informativa, acessível e motivadora. A conscientização pública e o engajamento são essenciais para impulsionar a ação climática, tanto no nível individual quanto coletivo. A mídia, educadores e líderes são fundamentais na disseminação de informações precisas e na promoção de um diálogo construtivo sobre soluções sustentáveis.

Ainda falando de Brasil, por exemplo, o debate é intrinsecamente ligado às políticas de conservação ambiental, ao uso sustentável dos recursos naturais e ao desenvolvimento socioeconômico. O Brasil, com sua vasta biodiversidade e recursos naturais, tem um papel significativo no cenário global das mudanças climáticas. As decisões tomadas aqui não só afetam a saúde de seus ecossistemas e populações, mas também têm implicações globais, destacando a importância da responsabilidade e liderança no cenário internacional. É fundamental reconhecer que o efeito estufa, exacerbado pelas atividades humanas, coloca-nos diante de um dos maiores desafios contemporâneos: as mudanças climáticas. Esta questão transcende as fronteiras nacionais e categorias sociais, exigindo uma resposta global e integrada que abarque aspectos ambientais, econômicos, sociais e políticos. A resposta a este desafio exige a reconfiguração dos nossos sistemas econômicos para que se tornem mais sustentáveis e menos dependentes de combustíveis fósseis. Isso envolve não apenas mudanças nas fontes de energia, mas também uma transformação nas práticas de produção, nos padrões de consumo e na gestão de recursos naturais. Essa transição para uma economia verde é uma urgente necessidade ecológica e uma oportunidade capaz de gerar novos empregos, estimulando inovações e promovendo o crescimento, nas mais diversas áreas.

No âmbito social, soluções propostas que levem em consideração as comunidades mais vulneráveis e assegurem que as cargas e benefícios das ações climáticas sejam distribuídos de maneira justa, é fundamental. A educação e a conscientização que fomente uma cidadania ambientalmente responsável e engajada, com uma narrativa que seja capaz de traduzir a complexidade científica em linguagem acessível, pode mobilizar a sociedade para a ação e para a defesa de políticas públicas mais eficazes. Os meios de comunicação, educadores e líderes políticos têm a responsabilidade de promover um discurso informado e construtivo sobre as mudanças climáticas, incentivando a participação pública na busca por soluções.

A gestão dos recursos naturais no Brasil, como a Amazônia, e o compromisso com políticas ambientais responsáveis são essenciais não apenas para a saúde dos ecossistemas locais, mas também para a contribuição do país no combate global às mudanças climáticas. A liderança e a responsabilidade ambiental têm implicações significativas.

O efeito estufa e as mudanças climáticas exigem uma abordagem que integre considerações ambientais, econômicas, sociais e políticas. Somente através de uma ação coordenada e coletiva, com a contribuição de todas as nações e setores da sociedade, será possível enfrentar este desafio global de forma eficaz. A jornada em direção a um futuro sustentável requer inovação, cooperação e um compromisso compartilhado com a proteção do nosso planeta e o bem-estar das gerações presentes e futuras.

CAPÍTULO 5: MODELOS CLIMÁTICOS

A compreensão das mudanças climáticas e a previsão de seus futuros impactos são grandemente auxiliadas pelos modelos climáticos. Estes modelos são ferramentas sofisticadas, fundamentais na climatologia moderna, que simulam e projetam as condições climáticas da Terra. Eles são construídos com base em complexas equações matemáticas que descrevem os processos físicos e químicos que governam a atmosfera, os oceanos, a terra e o gelo. Esses modelos variam em complexidade e escala, desde modelos simplificados que se concentram em um único aspecto do sistema climático até modelos de sistema terrestre abrangentes que tentam representar a totalidade do clima e suas interações com outros sistemas, como ecossistemas e atividades humanas.

O desenvolvimento de um modelo climático começa com a definição das equações fundamentais que regem os processos atmosféricos e oceânicos, como as equações de Navier-Stokes, que descrevem o movimento dos fluidos, e as leis de conservação de energia e massa. Estas equações são então discretizadas em uma grade tridimensional que cobre a Terra. Cada ponto da grade representa uma porção do sistema climático, e os cálculos são realizados para cada ponto para simular a interação entre diferentes partes do sistema, como a transferência de calor entre a atmosfera e os oceanos, a formação de nuvens, e os ciclos de carbono e água.

Outro aspecto importante na construção de modelos climáticos é a parametrização, que é o processo de simplificar aspectos do sistema climático que não podem ser diretamente resolvidos pelas equações do modelo devido à sua complexidade ou à escala espacial ou temporal. Exemplos incluem a formação de nuvens e os efeitos do relevo terrestre. Estas parametrizações são fundamentais para o desempenho dos modelos, mas também são uma fonte de incertezas, pois envolvem fazer suposições sobre processos complexos baseados em observações limitadas ou experimentos laboratoriais.

Os modelos climáticos são alimentados com dados de observações passadas e presentes do clima, que incluem temperaturas atmosféricas e oceânicas, concentrações de gases de efeito estufa, cobertura de nuvens, velocidades do vento e outros. Estes dados são usados não apenas para definir as condições iniciais do modelo, mas também para validar e ajustar o modelo, garantindo que ele reproduza com precisão as condições climáticas observadas. Uma vez desenvolvidos e validados, os modelos climáticos são usados para fazer projeções sobre o futuro do clima sob diferentes cenários de emissões de gases de efeito estufa. Estes cenários, conhecidos como trajetórias de concentração representativa (RCPs, na sigla em inglês), são baseados em diferentes suposições sobre o desenvolvimento econômico, crescimento populacional, políticas de energia e emissões futuras. Ao simular como o clima pode responder sob esses diferentes cenários, os modelos nos ajudam a entender as possíveis consequências das nossas escolhas atuais em termos de emissões de gases de efeito estufa e uso da terra.

É importante ressaltar que, embora os modelos climáticos sejam ferramentas poderosas, eles têm limitações. As incertezas inerentes aos modelos, particularmente relacionadas à parametrização de processos complexos, significam que as projeções do clima futuro devem ser interpretadas como uma gama de possíveis futuros climáticos, em vez de previsões precisas. Modelos não podem capturar todos os aspectos do sistema climático da Terra, particularmente aqueles relacionados a processos biológicos e sociais complexos.

Contudo, apesar destas limitações, os modelos climáticos são indispensáveis para a ciência climática. Eles são uma das melhores ferramentas que temos para entender o sistema climático da Terra e para prever como ele pode mudar no futuro, informando decisões políticas e estratégias de mitigação e adaptação às mudanças climáticas. A contínua evolução desses modelos, junto com o aprimoramento das tecnologias de observação e computação, promete aumentar ainda mais a precisão e a utilidade dessas projeções no futuro.

Avançando nessa discussão, é fundamental explorar como os modelos são utilizados para entender as dinâmicas climáticas e antecipar possíveis cenários futuros. Através de suas simulações, os modelos exercem uma função capital na pesquisa climática, fornecendo compreensões sobre o funcionamento do sistema climático e permitindo aos cientistas testar hipóteses sobre as interações entre diferentes componentes climáticos.

Uma aplicação importante dos modelos climáticos é no estudo do impacto das atividades humanas no clima. Ao incorporar dados sobre emissões passadas e atuais de gases de efeito estufa e outros fatores climáticos, como mudanças no uso da terra e aerossóis atmosféricos, os modelos podem simular como essas atividades alteraram e podem continuar a alterar o clima da Terra. Essas simulações ajudam a separar a influência humana de fatores naturais no clima, como variações na atividade solar e erupções vulcânicas, fornecendo uma compreensão mais clara daquilo que é antropogênico nas mudanças climáticas.

Além de analisar o passado e o presente, os modelos climáticos são fundamentais para projetar o futuro do clima da Terra. Ao executar simulações com base em diferentes cenários de emissões futuras, os modelos podem fornecer um leque de possíveis resultados climáticos. Essas projeções são essenciais para o planejamento e a implementação de políticas de mitigação das mudanças climáticas e adaptação a seus impactos. Elas informam governos, organizações internacionais e o setor privado sobre os riscos associados a diferentes trajetórias de emissões, auxiliando na tomada de decisões informadas e baseadas em evidências.

Os modelos climáticos também são usados para investigar eventos climáticos extremos e sua relação com as mudanças climáticas. Através de uma abordagem conhecida como atribuição de eventos extremos, os cientistas podem usar modelos para estimar a probabilidade de eventos como ondas de calor, secas, e tempestades intensas em um clima sem influência humana e compará-la com a probabilidade em um clima alterado pelas emissões de gases de efeito estufa. Isso ajuda a entender até que ponto as mudanças climáticas estão tornando certos tipos de eventos extremos mais prováveis ou mais severos.

Os modelos climáticos fornecem informações essenciais para estudos em ecologia, hidrologia, geologia, e até mesmo economia, ajudando a entender como as mudanças climáticas podem afetar a biodiversidade, os recursos hídricos, os padrões de erosão do solo, e os impactos econômicos em diversas regiões.

Apesar de sua utilidade, é importante reconhecer as limitações dos modelos climáticos. As incertezas associadas a esses modelos decorrem de fatores como a complexidade dos processos climáticos, a precisão das informações de entrada e a representação de processos que ocorrem em escalas menores que a resolução do modelo. Portanto, os resultados dos modelos são melhor interpretados como uma gama de possíveis futuros climáticos, não como previsões exatas. A comunicação efetiva dos resultados e incertezas dos modelos para formuladores de políticas, o público e outras partes interessadas é essencial para garantir que suas limitações sejam compreendidas e que suas projeções sejam utilizadas de forma adequada no planejamento e na tomada de decisões.

É pertinente lembrarmos como os avanços na tecnologia e na ciência de dados estão aprimorando essas ferramentas essenciais. A evolução tecnológica, especialmente no campo da computação de alta performance, tem um impacto profundo na modelagem climática. Com o aumento da capacidade de processamento, os modelos climáticos podem agora incorporar uma resolução espacial mais fina, o que permite uma representação mais detalhada de processos climáticos regionais e locais. Essa melhoria na resolução, faz-se necessário para entender melhor fenômenos como precipitação localizada, padrões de vento em áreas montanhosas e a dinâmica de pequenas correntes oceânicas, todos essenciais para previsões climáticas mais precisas e úteis para o planejamento regional.

Além do poder computacional, avanços em técnicas de aprendizado de máquina e inteligência artificial estão sendo cada vez mais integrados à modelagem climática. Essas técnicas oferecem novas maneiras de abordar as incertezas e a complexidade dos modelos climáticos. Por exemplo, o aprendizado de máquina pode ser utilizado para melhorar as parametrizações dos modelos, identificando padrões em grandes conjuntos de dados climáticos que podem não ser evidentes através de métodos tradicionais. Ao mesmo tempo, a inteligência artificial pode auxiliar na análise de grandes volumes de dados gerados pelos modelos, facilitando a identificação de tendências, padrões e anomalias climáticas.

Outro aspecto relevante no avanço dos modelos climáticos é a integração de dados de observação mais precisos e diversificados. Satélites, boias oceânicas, estações meteorológicas e outras fontes de dados estão fornecendo informações cada vez mais detalhadas sobre o sistema climático da Terra. A incorporação desses dados nos modelos não só melhora a precisão das simulações, mas também auxilia na calibração e validação dos modelos, garantindo que eles reproduzam de forma confiável as condições climáticas observadas. A modelagem climática está se tornando cada vez mais interdisciplinar. A integração de conhecimentos de outras ciências, como ecologia, geologia, oceanografia e ciências sociais, está enriquecendo os modelos climáticos. Por exemplo, a inclusão de processos biogeoquímicos, como ciclos de carbono e nitrogênio, e a interação entre o clima e os ecossistemas terrestres e marinhos, permite uma compreensão mais abrangente das retroalimentações entre o clima e a biosfera.

Da mesma forma, a incorporação de aspectos socioeconômicos, como padrões de urbanização, uso da terra e atividades industriais, ajuda a modelar com mais precisão o impacto das atividades humanas no clima.

Finalmente, é importante destacar a crescente colaboração internacional na modelagem climática. Projetos globais, como o Programa Mundial de Pesquisa sobre o Clima e o Painel Intergovernamental sobre Mudanças Climáticas (IPCC), reúnem cientistas de diversas partes do mundo para trabalhar em modelos climáticos compartilhados. Essa colaboração promove a troca de conhecimentos, a padronização de metodologias e o desenvolvimento conjunto de cenários futuros, fortalecendo a capacidade global de compreender e responder às mudanças climáticas.

Os modelos climáticos estão em constante evolução, impulsionados por avanços tecnológicos, interdisciplinaridade e colaboração internacional. Esses avanços não apenas melhoram a precisão das projeções climáticas, mas também expandem nossa capacidade de explorar cenários complexos e informar efetivamente as políticas de mitigação e adaptação às mudanças climáticas. À medida que continuamos a aprimorar essas ferramentas, aumentamos nossa habilidade de prever e gerenciar os impactos das mudanças climáticas, vital na proteção do nosso planeta e das futuras gerações.

CAPÍTULO 6: MUDANÇAS CLIMÁTICAS E BIODIVERSIDADE

O impacto das mudanças climáticas na biodiversidade é um dos aspectos mais críticos e preocupantes das alterações ambientais globais que estamos testemunhando. A biodiversidade, que engloba a variedade de vida na Terra em todas as suas formas, desde a diversidade genética dentro de uma espécie até a variedade de ecossistemas, está sendo profundamente afetada pelas mudanças climáticas. Este impacto manifesta-se de várias maneiras, incluindo alterações na distribuição de espécies, mudanças nos ecossistemas, perda de habitats e até extinções.

A elevação das temperaturas globais, um dos principais efeitos das mudanças climáticas, está alterando os padrões de distribuição de muitas espécies. À medida que o clima em suas áreas habituais se torna menos favorável, seja por se tornar muito quente, muito seco ou muito úmido, as espécies são forçadas a migrar para áreas com condições mais adequadas. Este fenômeno é particularmente evidente em espécies de altas latitudes e altitudes, onde o aquecimento global está ocorrendo de maneira mais rápida. No entanto, a capacidade das espécies de se deslocarem é limitada por barreiras geográficas, como montanhas e oceanos, e pela presença de áreas urbanas e agrícolas, que impedem a migração de muitas espécies.

Além da mudança na distribuição, as mudanças climáticas estão afetando os ciclos de vida das espécies. Mudanças no tempo e na intensidade das estações do ano estão desencadeando alterações nos padrões de migração, reprodução e hibernação de muitos animais. Por exemplo, algumas espécies estão iniciando suas atividades de acasalamento e migração mais cedo devido à chegada precoce da primavera. Essas mudanças nos ciclos de vida podem ter efeitos cascata, afetando as relações predador-presa e a dinâmica dos ecossistemas.

Os ecossistemas, particularmente aqueles sensíveis às mudanças climáticas, como recifes de coral, manguezais, florestas tropicais e tundras, estão sofrendo impactos significativos. Os recifes de coral, por exemplo, estão sendo afetados pelo fenômeno do branqueamento, causado pelo aumento das temperaturas do mar, que leva à perda de algas simbióticas e, consequentemente, à morte dos corais. Esses ecossistemas são vitais não apenas pela sua biodiversidade intrínseca, mas também por fornecerem serviços ecossistêmicos essenciais, como a proteção costeira e a sustentação de pescarias.

A perda de habitat é outra consequência grave das mudanças climáticas para a biodiversidade. Áreas que outrora eram habitáveis para determinadas espécies estão se tornando inóspitas devido a mudanças nas condições climáticas. O aumento do nível do mar está resultando na perda de habitats costeiros, como pântanos e praias, que são cruciais para muitas espécies de aves, peixes e outros animais.

As mudanças climáticas também aumentam a probabilidade de eventos extremos, como incêndios florestais, tempestades e secas, que podem devastar habitats e populações de espécies. Esses eventos não apenas causam destruição direta, mas também podem desencadear processos ecológicos de longo prazo, como mudanças na composição das espécies e na estrutura dos ecossistemas.

Em um contexto mais amplo, a perda de biodiversidade devido às mudanças climáticas tem implicações profundas para a humanidade. A biodiversidade é fundamental para muitos aspectos da vida humana, incluindo a segurança alimentar, a descoberta de medicamentos e a resiliência dos ecossistemas. A redução da biodiversidade pode comprometer esses serviços ecossistêmicos, afetando a saúde humana, a economia e o bem-estar social. Ações para mitigar as mudanças climáticas e proteger a biodiversidade devem andar de mãos dadas, abordando as causas subjacentes, como as emissões de gases de efeito estufa e a perda de habitats, e implementando estratégias de conservação e restauração de ecossistemas. A análise das interações entre mudanças climáticas e biodiversidade, é essencial considerar o conceito de pontos de inflexão ecológicos e as implicações de tais eventos. Pontos de inflexão são limiares dentro dos ecossistemas onde pequenas mudanças nas condições ambientais podem levar a transformações abruptas e irreversíveis. Por exemplo, a perda adicional de cobertura de gelo no Ártico pode resultar em um aumento substancial na absorção de calor solar, acelerando o aquecimento global. Da mesma forma, a degradação contínua das florestas tropicais pode levar a um ponto onde esses ecossistemas não conseguem mais sustentar suas funções ecológicas essenciais, como a manutenção do ciclo hidrológico e o sequestro de carbono.

Esses pontos de inflexão têm implicações alarmantes para a biodiversidade. A perda de ecossistemas críticos pode levar a uma cascata de extinções e perturbações em cadeias alimentares, afetando não apenas as espécies diretamente envolvidas, mas também outras espécies interdependentes. A compreensão e a prevenção desses pontos de inflexão são, portanto, aspectos fundamentais na gestão da biodiversidade sob as condições das mudanças climáticas.

Do mesmo modo, a acidificação dos oceanos, resultante do aumento da absorção de CO_2 pelos oceanos, está tendo um impacto dramático na biodiversidade marinha. Espécies calcificadoras, como corais e moluscos, são particularmente afetadas, o que pode levar a uma redução na biodiversidade dos oceanos e afetar as redes alimentares marinhas. A saúde dos oceanos é vital para a manutenção da biodiversidade global, e sua degradação pode ter consequências de longo alcance.

Outro aspecto a considerar é a interação entre as mudanças climáticas e as espécies invasoras. As mudanças nas condições climáticas podem favorecer a invasão de espécies exóticas, que podem prosperar e dominar novos habitats, muitas vezes à custa de espécies nativas. Essas invasões podem alterar a composição das espécies e a estrutura dos ecossistemas, resultando em perda de biodiversidade.

Ademais, é importante enfatizar a necessidade de abordagens adaptativas e resilientes na conservação da biodiversidade. Isso inclui a criação de corredores ecológicos que permitam a migração de espécies, o fortalecimento das áreas protegidas para oferecer refúgios climáticos, e o desenvolvimento de estratégias de manejo que considerem a variabilidade e a incerteza das mudanças climáticas. A integração de conhecimentos tradicionais e locais na gestão da biodiversidade é também uma estratégia valiosa, proporcionando esclarecimentos adaptativos e sustentáveis para a conservação. Serviços ecossistêmicos são os benefícios que os seres humanos obtêm dos ecossistemas, incluindo provisão de alimentos, regulação do clima, purificação da água, polinização de plantas e recreação. A perda de biodiversidade devido às mudanças climáticas ameaça a capacidade dos ecossistemas de fornecer esses serviços essenciais, o que pode ter consequências diretas e graves para a sociedade humana.

Um exemplo significativo é o impacto nas populações de polinizadores, como abelhas e borboletas, que são vitais para a produção de muitos cultivos agrícolas. Alterações nos padrões climáticos podem deslocar os habitats desses polinizadores ou desalinhar seus ciclos de vida com os das plantas que eles polinizam, resultando em uma redução na eficácia da polinização e, consequentemente, na produtividade agrícola. Isso não só afeta a segurança alimentar, mas também tem implicações econômicas significativas para a agricultura.

Outra preocupação relacionada é a resiliência dos ecossistemas frente a perturbações. A biodiversidade é um fator chave na resiliência dos ecossistemas, pois quanto mais diverso um ecossistema, maior sua capacidade de se adaptar a mudanças e resistir a perturbações. Com a redução da biodiversidade, os ecossistemas se tornam mais vulneráveis a eventos extremos, como secas, incêndios florestais e tempestades, que são projetados para se tornarem mais frequentes e intensos com as mudanças climáticas. Isso pode levar a uma perda ainda maior de biodiversidade e a uma espiral de degradação dos ecossistemas.

A mudança climática também está afetando a distribuição e a abundância de espécies marinhas, com implicações para os ecossistemas oceânicos e as comunidades que dependem deles. O aumento da temperatura da água, a acidificação dos oceanos e a alteração dos padrões de correntes estão mudando a distribuição de espécies de peixes, afetando a pesca e a aquicultura. A perda de habitats marinhos, como recifes de coral e pradarias marinhas, diminui a biodiversidade oceânica e compromete a capacidade desses ecossistemas de atuar como sumidouros de carbono, que são fundamentais para mitigar as mudanças climáticas.

Além dos impactos diretos, é importante considerar as interações complexas entre mudanças climáticas, biodiversidade e atividades humanas. Por exemplo, a pressão humana sobre os ecossistemas, através da exploração excessiva de recursos, poluição e perda de habitats, pode amplificar os efeitos das mudanças climáticas na biodiversidade. Da mesma forma, a perda de biodiversidade pode aumentar a vulnerabilidade das comunidades humanas às mudanças climáticas, reduzindo a disponibilidade de recursos naturais e aumentando o risco de desastres naturais.

Portanto, a proteção da biodiversidade sob as condições das mudanças climáticas é uma tarefa complexa que requer uma abordagem integrada. Isso inclui a implementação de estratégias de conservação que sejam flexíveis e adaptáveis às mudanças climáticas, o fortalecimento das áreas protegidas, a restauração de ecossistemas degradados e a promoção de práticas de uso da terra sustentáveis. É essencial que as políticas de mitigação das mudanças climáticas considerem e minimizem os impactos negativos sobre a biodiversidade. Apenas através de uma abordagem holística e colaborativa, que reconheça a interdependência entre a saúde dos ecossistemas, a biodiversidade e o bem-estar humano, poderemos efetivamente enfrentar os desafios colocados pelas mudanças climáticas.

CAPÍTULO 7: DESASTRES NATURAIS E CLIMA

A inter-relação entre desastres naturais e mudanças climáticas é um campo de estudo cada vez mais relevante e urgente. À medida que o clima global sofre alterações significativas, padrões de eventos extremos, como tempestades, secas, ondas de calor e enchentes, também estão mudando, tanto em frequência quanto em intensidade. Este capítulo se dedica a explorar como as mudanças climáticas estão influenciando a ocorrência e a severidade dos desastres naturais e as implicações dessas mudanças para as sociedades humanas e os ecossistemas naturais.

Um dos efeitos mais evidentes das mudanças climáticas é o aumento na frequência e intensidade de eventos climáticos extremos. O aquecimento global, impulsionado pelo aumento dos gases de efeito estufa, está alterando os padrões climáticos em todo o mundo. Isso se manifesta, por exemplo, no aumento da frequência de ondas de calor extremas, que não apenas representam um risco direto à saúde humana, mas também exacerbam a ocorrência de incêndios florestais. Estes incêndios, por sua vez, podem causar destruição generalizada de habitats, perda de propriedades e vidas humanas, além de contribuírem para mais emissões de gases de efeito estufa.

As mudanças climáticas também estão afetando os padrões de precipitação, levando a eventos de chuvas mais intensos e frequentes em algumas regiões, enquanto outras experienciam secas prolongadas. Enchentes devastadoras, resultantes de chuvas intensas, estão se tornando mais comuns, causando danos significativos a infraestruturas, ecossistemas e comunidades. Por outro lado, as secas afetam a disponibilidade de água doce, a produção agrícola e podem desencadear crises alimentares e de água.

O aumento do nível do mar, outra consequência direta das mudanças climáticas. À medida que o nível do mar sobe, tempestades e ondas de tempestade podem penetrar mais profundamente em áreas costeiras, aumentando o risco de inundações e erosão costeira. Isso não apenas ameaça as populações costeiras, mas também pode levar à perda de ecossistemas costeiros valiosos, como manguezais e recifes de coral, que fornecem proteção natural contra tempestades e são habitats biodiversos.

Além desses impactos diretos, é importante entender as implicações de longo prazo dos desastres naturais exacerbados pelas mudanças climáticas. A frequência crescente e a intensidade desses eventos podem sobrecarregar a capacidade das comunidades de se recuperarem, especialmente em regiões com recursos limitados. Isso pode levar a um ciclo de vulnerabilidade e pobreza, onde desastres recorrentes impedem o desenvolvimento econômico e social sustentável.

Ademais, a relação entre desastres naturais e mudanças climáticas destaca a importância de abordagens de gestão de risco e adaptação. Isso inclui o desenvolvimento de infraestruturas resilientes, a implementação de sistemas de alerta precoce, o planejamento urbano que leva em consideração os riscos de desastres naturais, e a promoção de práticas agrícolas e de uso da terra que reduzam a vulnerabilidade a eventos extremos. Tais medidas não apenas ajudam a mitigar os impactos dos desastres naturais, mas também são essenciais para aumentar a resiliência das comunidades frente às mudanças climáticas.

A conexão entre desastres naturais e mudanças climáticas é um exemplo claro de como as alterações ambientais globais estão afetando diretamente a vida humana e os ecossistemas naturais. Compreender essa relação é fundamental para desenvolver estratégias eficazes de gestão de risco, adaptação e mitigação, essenciais para proteger as comunidades e preservar a biodiversidade em um mundo em rápida transformação.

Os desastres naturais, embora frequentemente considerados como eventos isolados, estão, de fato, entrelaçados com uma série de fatores ambientais, sociais e econômicos, que são exacerbados pelas mudanças climáticas.

Uma área particularmente preocupante é a vulnerabilidade das populações em áreas de alto risco. As mudanças climáticas estão aumentando a frequência e a severidade de eventos extremos em regiões que já são propensas a desastres naturais, como áreas costeiras sujeitas a furacões e comunidades situadas em regiões áridas propensas a secas. As populações nestas áreas, muitas vezes com recursos limitados e capacidades de adaptação restritas, enfrentam riscos crescentes. A migração forçada devido a desastres climáticos está se tornando uma preocupação crescente, com implicações significativas para a segurança humana e conflitos socioeconômicos.

Além dos impactos humanos, os desastres naturais exacerbados pelas mudanças climáticas têm implicações significativas para a conservação da biodiversidade. Eventos extremos como incêndios florestais, inundações e tempestades não apenas destroem habitats diretamente, mas também podem causar mudanças a longo prazo na estrutura e composição dos ecossistemas. Por exemplo, incêndios florestais severos podem alterar a regeneração de florestas, favorecendo espécies mais resistentes ao fogo em detrimento de outras, o que pode levar a uma perda de biodiversidade.

O aumento das temperaturas globais e a alteração dos padrões de precipitação também estão afetando a distribuição e a disponibilidade de recursos hídricos, essenciais tanto para as sociedades humanas quanto para os ecossistemas naturais. Regiões que dependem de geleiras e neve como fontes de água doce estão enfrentando desafios crescentes, à medida que essas fontes diminuem. A escassez de água não só impacta a agricultura e o abastecimento humano, mas também afeta os ecossistemas aquáticos e terrestres, alterando a disponibilidade de habitats e a dinâmica das espécies.

Outro aspecto a ser considerado é o impacto econômico dos desastres naturais. Os custos associados a eventos extremos, incluindo danos a infraestruturas, perdas agrícolas e despesas com resposta a desastres, estão aumentando. Isso impõe um fardo significativo sobre as economias locais e nacionais, especialmente em países em desenvolvimento, onde a capacidade de resposta e recuperação é frequentemente limitada.

Diante desses desafios, é essencial desenvolver e implementar estratégias de mitigação e adaptação eficazes. Isso inclui investimentos em infraestrutura resiliente ao clima, melhor planejamento urbano e rural, sistemas de alerta precoce e resposta a emergências, e políticas que fortaleçam a capacidade das comunidades de se adaptar a um clima em mudança. A colaboração internacional e o compartilhamento de conhecimentos e recursos são fundamentais para apoiar as regiões mais vulneráveis na preparação e resposta aos desastres naturais exacerbados pelas mudanças climáticas.

Assim, a relação entre desastres naturais e mudanças climáticas é diversa e profundamente entrelaçada com questões de desenvolvimento sustentável, equidade e conservação ambiental. Reconhecendo e abordando essas complexidades, podemos trabalhar em direção a um futuro mais resiliente e sustentável, onde as sociedades e ecossistemas estão melhor preparados para enfrentar os desafios impostos pelas mudanças climáticas.

É fundamental considerar também a maneira como esses fenômenos afetam a saúde humana. A exposição a desastres naturais não apenas traz impactos físicos imediatos, mas também pode resultar em consequências psicológicas de longa duração e em desafios para os sistemas de saúde pública. Por exemplo, ondas de calor extremas estão associadas a um aumento nas taxas de morbidade e mortalidade, particularmente entre grupos vulneráveis como idosos e pessoas com doenças crônicas. Eventos como inundações e tempestades podem levar a surtos de doenças transmitidas pela água e a um aumento nos riscos de doenças respiratórias.

Outra questão importante é a relação entre desastres naturais e segurança alimentar. As mudanças climáticas estão afetando a produção agrícola global de várias maneiras. Secas prolongadas, tempestades e inundações podem causar perdas significativas de safras, enquanto mudanças nos padrões climáticos podem alterar os ciclos de crescimento das plantas e a incidência de pragas e doenças. Essas mudanças não só ameaçam a disponibilidade de alimentos, mas também podem levar a aumentos nos preços dos alimentos, afetando negativamente a nutrição e a segurança alimentar, especialmente em comunidades vulneráveis e em países em desenvolvimento.

Desastres naturais exacerbados pelas mudanças climáticas podem ter impactos econômicos indiretos significativos. A destruição de infraestrutura, o deslocamento de populações e a perda de meios de subsistência não apenas exigem investimentos substanciais em reconstrução e recuperação, mas também podem levar a uma diminuição da produtividade econômica a longo prazo. Esses impactos econômicos são muitas vezes mais graves em países em desenvolvimento, onde a capacidade de adaptação e recuperação é limitada, aprofundando as desigualdades existentes. Políticas eficazes de gestão de risco de desastres, que integram medidas de prevenção, preparação, resposta e recuperação, são essenciais para minimizar os impactos desses eventos. Isso inclui investimentos em infraestrutura resiliente, sistemas de alerta precoce, educação e treinamento em preparação para desastres, e mecanismos de apoio para recuperação pós-desastre. Políticas que abordam as causas subjacentes das mudanças climáticas, como a redução das emissões de gases de efeito estufa, são fundamentais para diminuir a frequência e intensidade dos desastres naturais no futuro.

A relação entre desastres naturais e mudanças climáticas

é intrinsecamente complexa e interconectada com uma ampla gama de aspectos sociais, econômicos e de saúde. Compreender e abordar essa relação exige uma abordagem multidisciplinar e multifacetada, que inclua tanto estratégias de mitigação e adaptação às mudanças climáticas quanto políticas eficazes de gestão de risco de desastres. Ao fazer isso, podemos trabalhar para construir sociedades mais resilientes e preparadas para enfrentar os desafios crescentes impostos por um clima em mudança.

Avançando nossa análise, é terminante enfocar a importância do planejamento urbano e regional na mitigação dos riscos associados a esses eventos climáticos. Estratégias como o desenvolvimento de infraestruturas resilientes, a criação de zonas de amortecimento em áreas propensas a inundações, a preservação de áreas verdes urbanas e a implementação de sistemas de drenagem eficientes podem ajudar significativamente a mitigar os impactos de eventos extremos. Além do mais, a integração de considerações climáticas no planejamento urbano e regional é essencial para garantir que as cidades e comunidades estejam preparadas para lidar com os cenários climáticos futuros.

Outro aspecto fundamental é a educação e a conscientização pública sobre os riscos associados aos desastres naturais e às mudanças climáticas. Deve-se informar e educar as comunidades sobre como se preparar e responder a desastres naturais para reduzir os danos e salvar vidas. Isso inclui a implementação de programas educacionais nas escolas, campanhas de conscientização pública e a formação de comunidades locais em práticas de preparação e resposta a desastres.

A pesquisa e o desenvolvimento tecnológico na compreensão e no gerenciamento dos riscos associados aos desastres naturais são igualmente importantes. O avanço nas tecnologias de monitoramento e previsão, como satélites, sensores remotos e modelos de previsão meteorológica, permite uma detecção e previsão mais precisas de eventos extremos.

Essas tecnologias podem fornecer informações valiosas para a tomada de decisões em tempo hábil, ajudando a minimizar os impactos dos desastres naturais. Ao mesmo tempo, é fátuo reconhecer o papel da cooperação internacional na gestão de desastres naturais em um contexto de mudanças climáticas. Desastres naturais muitas vezes transcendem fronteiras nacionais, e uma resposta eficaz exige colaboração e coordenação entre países. Isso inclui o compartilhamento de conhecimentos, experiências e recursos, bem como a colaboração em pesquisa e desenvolvimento de tecnologias para prevenção e resposta a desastres.

Faz-se imperativo ressaltar a urgência de uma abordagem proativa e previdente. As estratégias de adaptação e mitigação devem ser robustas e abrangentes, incorporando não apenas a resposta imediata aos desastres, mas também um planejamento a longo prazo para fortalecer a resiliência das comunidades e dos ecossistemas. A compreensão dos mecanismos pelos quais as mudanças climáticas influenciam a ocorrência e a intensidade dos desastres naturais é vital para o desenvolvimento de políticas e práticas eficazes de gestão de risco. Isso inclui não apenas aprimorar as tecnologias de previsão e monitoramento, mas também investir em pesquisa interdisciplinar que explore as complexas dinâmicas entre clima, ecossistemas e sociedades humanas.

Ainda, é fundamental integrar a gestão de risco de desastres nas políticas de desenvolvimento sustentável. Os esforços para reduzir a emissão de gases de efeito estufa, proteger e restaurar ecossistemas, e promover o desenvolvimento econômico sustentável devem ser alinhados com estratégias para minimizar os riscos e impactos de desastres naturais. Isso implica em uma abordagem holística que considere as múltiplas dimensões e implicações das mudanças climáticas e dos desastres naturais.

A cooperação internacional continua sendo um pilar fundamental nesta luta. Os desafios impostos pelos desastres naturais exacerbados pelas mudanças climáticas não conhecem fronteiras e exigem uma resposta global coordenada. Isso envolve não apenas a partilha de conhecimentos e recursos, mas também o compromisso com ações coletivas para combater as mudanças climáticas e aumentar a resiliência global a desastres naturais.

Finalmente, é essencial envolver e capacitar comunidades locais na gestão de risco de desastres. As comunidades que estão na linha de frente dos desastres naturais possuem conhecimentos valiosos e experiências que são cruciais para o desenvolvimento de estratégias eficazes de adaptação e mitigação. Promover a participação comunitária, o empoderamento local e o desenvolvimento de capacidades são passos fundamentais para garantir que as respostas aos desastres sejam eficientes, equitativas e sustentáveis.

CAPÍTULO 8: DOENÇAS E MUDANÇAS CLIMÁTICAS

A relação entre doenças e mudanças climáticas é uma área de crescente interesse e preocupação na saúde pública global. As alterações climáticas influenciam de maneira significativa a distribuição e a incidência de diversas doenças, afetando diretamente a saúde humana. Este capítulo busca explorar como o clima em transformação afeta os padrões de doenças, com foco especial em doenças infecciosas, doenças não transmissíveis e a interação entre saúde humana, saúde animal e ecossistemas.

Primeiramente, é fundamental compreender como as mudanças climáticas afetam a distribuição e a transmissão de doenças infecciosas. Muitas doenças infecciosas são sensíveis a condições climáticas específicas. Por exemplo, doenças transmitidas por vetores, como malária e dengue, são fortemente influenciadas por fatores climáticos. Mosquitos transmissores de doenças, como o Aedes aegypti, são particularmente sensíveis às condições climáticas, com sua distribuição e ciclo de vida sendo afetados por temperaturas, padrões de precipitação e umidade. O aquecimento global pode expandir a área geográfica propícia para esses vetores, aumentando o risco de transmissão dessas doenças em regiões anteriormente não afetadas. As mudanças climáticas podem influenciar a incidência de doenças transmitidas pela água. Eventos climáticos extremos, como inundações e secas, podem contaminar os recursos hídricos, aumentando o risco de doenças como cólera e hepatite A. A contaminação da água também pode ocorrer devido a alterações nos padrões de chuva e escoamento, levando a um aumento na incidência de doenças gastrointestinais.

As doenças não transmissíveis, como doenças cardíacas, derrames e doenças respiratórias, também são afetadas pelas mudanças climáticas. Ondas de calor, que estão se tornando mais frequentes e intensas devido ao aquecimento global, estão associadas a um aumento no número de mortes e hospitalizações por essas condições. A poluição do ar, acentuada por ondas de calor e incêndios florestais, pode levar a um aumento de doenças respiratórias, como asma e bronquite crônica. A interação entre saúde humana, saúde animal e ecossistemas, conhecida como abordagem "Uma Saúde", também é vital na compreensão da relação entre doenças e mudanças climáticas. As mudanças climáticas estão afetando os ecossistemas e a vida selvagem, o que pode ter repercussões diretas na saúde humana. Por exemplo, a alteração dos habitats naturais pode levar a um contato mais frequente entre humanos e animais selvagens, aumentando o risco de zoonoses, doenças que são transmitidas de animais para humanos. A degradação ambiental pode levar ao deslocamento de espécies, potencialmente introduzindo novos patógenos em ambientes humanos.

É importante destacar que os impactos das mudanças climáticas na saúde não são distribuídos uniformemente entre a população global. Comunidades em regiões em desenvolvimento, populações vulneráveis e grupos marginalizados são frequentemente os mais afetados, devido à sua maior exposição aos riscos e menor capacidade de adaptação. Isso destaca a necessidade de abordagens equitativas e inclusivas na gestão da saúde pública em um clima em mudança.

As mudanças climáticas têm um impacto profundo e abrangente na incidência e distribuição de doenças. A interação entre clima e doenças é complexa e mediada por uma série de fatores ambientais, sociais e econômicos. Uma questão importante nessa interação é o impacto das mudanças climáticas sobre os determinantes sociais da saúde. Alterações no clima podem exacerbar as desigualdades sociais e econômicas, aumentando a vulnerabilidade de grupos já marginalizados às doenças. Por exemplo, populações em áreas com infraestrutura precária podem enfrentar riscos maiores de doenças relacionadas à qualidade da água e saneamento inadequado durante eventos climáticos extremos. Igualmente, a segurança alimentar, diretamente afetada pelas mudanças climáticas, é uma determinante decisiva da saúde, com impactos que vão desde a desnutrição até doenças crônicas relacionadas à alimentação.

Outra dimensão relevante é o impacto das mudanças climáticas sobre os sistemas de saúde. Aumentos na incidência e na distribuição de doenças podem sobrecarregar os sistemas de saúde, especialmente em regiões onde esses sistemas já são frágeis. Isso pode resultar em uma capacidade reduzida de tratar eficazmente as doenças existentes e de responder a novos surtos. Portanto, fortalecer os sistemas de saúde, aumentando sua resiliência e capacidade de adaptação, é essencial para enfrentar os desafios impostos pelas mudanças climáticas.

É fundamental considerar os impactos psicológicos e de saúde mental relacionados às mudanças climáticas e desastres naturais. O trauma de experienciar ou até mesmo a antecipação de eventos climáticos extremos pode ter efeitos profundos sobre a saúde mental das pessoas. A ansiedade relacionada ao clima, o estresse pós-traumático e a depressão são condições que podem ser exacerbadas por esses eventos e pela incerteza em relação ao futuro em um mundo em mudança.

A pesquisa e a vigilância epidemiológica são componentes críticos na compreensão e no enfrentamento dos impactos das mudanças climáticas sobre a saúde. Melhorar a capacidade de monitorar e prever surtos de doenças, especialmente em um contexto de mudanças ambientais, é vital para uma resposta de saúde pública eficaz. Isso inclui não apenas o fortalecimento dos sistemas de vigilância existentes, mas também a integração de dados climáticos e de saúde para prever e mitigar os riscos de doenças.

Por fim, a abordagem para combater os impactos das

mudanças climáticas sobre a saúde deve ser global e integrada. Isso envolve desde políticas locais de saúde pública até esforços internacionais de mitigação das mudanças climáticas e cooperação em pesquisa e desenvolvimento. A colaboração entre diferentes setores, incluindo saúde, ambiente, educação e desenvolvimento econômico, é essencial para uma abordagem eficaz.

Ao abordar a complexa relação entre doenças e mudanças climáticas, é evidente que uma estratégia colaborativa é necessária. Reconhecer e responder aos desafios impostos por essa relação é decisivo para proteger a saúde pública em um mundo cada vez mais afetado pelas mudanças climáticas. É vital explorar as implicações específicas para doenças emergentes e reemergentes. Mudanças no clima global têm o potencial de alterar os padrões de doenças infecciosas, levando ao surgimento de novas doenças e à reemergência de doenças historicamente controladas. O aumento das temperaturas e as mudanças nos padrões de chuva podem criar ambientes mais propícios para a proliferação de vetores de doenças, como mosquitos e carrapatos, potencializando o risco de doenças como Zika, febre do Nilo Ocidental e doença de Lyme. Além disso, a alteração de ecossistemas pode facilitar o contato entre humanos e animais selvagens, aumentando o risco de zoonoses, doenças que são transmitidas de animais para humanos, como foi observado em casos recentes de doenças virais emergentes.

O fenômeno do aquecimento global também pode influenciar a sazonalidade e a distribuição geográfica de alérgenos, como pólens e fungos, impactando significativamente as condições alérgicas e respiratórias, como asma e febre do feno. Mudanças nas condições climáticas podem levar a uma maior duração da temporada de pólen e a um aumento na concentração de alérgenos no ar, exacerbando os sintomas em indivíduos sensíveis.

Ademais, é importante considerar os efeitos indiretos das mudanças climáticas sobre a saúde. Por exemplo, a insegurança alimentar resultante de mudanças nos padrões de precipitação e temperaturas pode levar a desnutrição e a um aumento na suscetibilidade a doenças infecciosas. Da mesma forma, a escassez de água potável e as mudanças na qualidade da água podem aumentar a incidência de doenças hídricas.

A necessidade de respostas adaptativas e proativas no âmbito da saúde pública é, portanto, evidente. Isso inclui fortalecer os sistemas de saúde para lidar com o aumento da carga de doenças, desenvolver estratégias de vigilância e resposta rápida para surtos de doenças, e integrar considerações de saúde nas políticas de adaptação às mudanças climáticas. A educação e a conscientização do público sobre os riscos associados às mudanças climáticas e saúde são fundamentais para promover comportamentos de prevenção e adaptação.

A pesquisa continua sendo um componente essencial para entender e mitigar os impactos das mudanças climáticas sobre as doenças. O Impacto desses processos na saúde mental é, atualmente, um problema global. O estresse relacionado a eventos climáticos extremos, como furacões, inundações ou incêndios florestais, pode ter repercussões psicológicas profundas, incluindo trauma, ansiedade, depressão e outras condições de saúde mental. A perda de casa, propriedade ou meios de subsistência, bem como a incerteza e o medo gerados por esses eventos, podem contribuir para o aumento da incidência de distúrbios psicológicos e emocionais. Este aspecto muitas vezes subestimado das mudanças climáticas requer uma abordagem sensível e integrada no planejamento da saúde pública.

Outro ponto crítico é a influência das mudanças climáticas nas doenças ocupacionais. Trabalhadores em certos setores, como agricultura, construção e pesca, podem ser particularmente vulneráveis aos efeitos das mudanças climáticas. Exposição a temperaturas extremas, aumentando o risco de doenças relacionadas ao calor, e alterações nas condições ambientais de trabalho podem aumentar a incidência de doenças ocupacionais e acidentes de trabalho. Isso sublinha a importância de considerar as mudanças climáticas na gestão da saúde ocupacional e na formulação de políticas de proteção aos trabalhadores.

Em análise semelhante, nos deparamos como esses processos podem influenciar a epidemiologia e a gestão de doenças crônicas. Doenças crônicas, como doenças cardiovasculares e respiratórias, estão intrinsecamente ligadas a fatores ambientais que estão sendo afetados pelas mudanças climáticas. Por exemplo, a qualidade do ar, fortemente influenciada por fatores climáticos como temperatura e umidade, tem um impacto direto sobre doenças respiratórias crônicas, como asma e doença pulmonar obstrutiva crônica (DPOC). Com o aumento das temperaturas globais, pode-se esperar um agravamento da poluição do ar, exacerbando os sintomas e aumentando as taxas de hospitalização relacionadas a essas condições.

Igualmente, é importante abordar os impactos indiretos das mudanças climáticas na nutrição e na saúde metabólica. As mudanças nos padrões de precipitação e nas temperaturas afetam a produção agrícola, o que pode ter implicações para a disponibilidade e qualidade dos alimentos. Isso pode levar a mudanças na dieta e nutrição, potencialmente exacerbando problemas de saúde como obesidade, diabetes e outras doenças metabólicas. A segurança alimentar e a nutrição adequada são componentes essenciais para a prevenção e gestão de doenças crônicas, e as mudanças climáticas representam um desafio significativo para manter esses aspectos da saúde pública.

A necessidade de sistemas de saúde resilientes e adaptativos também se destaca nesse contexto. Com a expectativa de um aumento na carga de doenças resultante das mudanças climáticas, os sistemas de saúde precisam estar preparados para lidar com um espectro mais amplo de condições de saúde e com um potencial aumento na demanda por serviços de saúde. Isso envolve não apenas o fortalecimento da infraestrutura física e dos recursos humanos, mas também o desenvolvimento de estratégias de saúde pública que possam responder de forma flexível e eficiente às mudanças nas necessidades de saúde da população.

Outro aspecto importante é a necessidade de integração entre os sistemas de vigilância de doenças e os sistemas de monitoramento climático. A colaboração entre meteorologistas, epidemiologistas e profissionais de saúde pública pode proporcionar informações valiosas para prever e responder a surtos de doenças relacionados ao clima. Essa abordagem integrada pode melhorar a capacidade de antecipar riscos de saúde, permitindo intervenções preventivas e respostas rápidas a surtos de doenças.

Por fim, a educação e a comunicação eficaz são fundamentais para aumentar a conscientização sobre os riscos à saúde associados às mudanças climáticas. Informar o público sobre como mudanças no clima podem afetar a saúde e sobre medidas de prevenção e adaptação é um passo decisivo para reduzir a vulnerabilidade e aumentar a resiliência da população. A promoção de estilos de vida saudáveis e sustentáveis, bem como a educação sobre medidas de proteção contra riscos relacionados ao clima, podem ser forças formidáveis na prevenção de doenças e na promoção da saúde pública em um mundo em mudança.

Ao explorar a relação entre doenças e mudanças climáticas, torna-se evidente a necessidade de uma abordagem multidimensional que aborde os diversos aspectos dessa interação. Através da colaboração, inovação e planejamento estratégico, é possível desenvolver sistemas de saúde que não apenas enfrentem os desafios atuais, mas também estejam preparados para os desafios futuros impostos por um clima em transformação. As mudanças climáticas podem exacerbar as disparidades de saúde existentes. Populações vulneráveis, como crianças, idosos, comunidades de baixa renda e minorias étnicas, podem ser desproporcionalmente afetadas. Fatores como acesso limitado a recursos, habitação inadequada, desigualdades na distribuição de serviços de saúde e exposição a riscos ambientais elevados aumentam a suscetibilidade desses grupos aos efeitos adversos das mudanças climáticas na saúde.

Isso destaca a necessidade de políticas de saúde pública que não apenas abordem os impactos diretos das mudanças climáticas, mas também busquem reduzir as desigualdades sociais e de saúde.

Avançando na exploração do vínculo entre doenças e mudanças climáticas, enfatizamos a importância de abordagens inovadoras e baseadas em evidências na saúde pública. À medida que o clima continua a mudar, os padrões epidemiológicos também se alteram, exigindo uma constante reavaliação das estratégias de saúde pública e um enfoque adaptativo nas intervenções.

Uma área que merece atenção especial é o desenvolvimento de modelos epidemiológicos que integrem dados climáticos. Estes modelos podem ajudar a prever surtos de doenças infecciosas, permitindo uma resposta mais rápida e eficiente dos sistemas de saúde. Por exemplo, a análise de tendências climáticas, em combinação com dados epidemiológicos, pode auxiliar na previsão de surtos de doenças transmitidas por vetores, como a malária ou a dengue, possibilitando campanhas preventivas de saúde pública e a alocação adequada de recursos.

Outro ponto categórico é o fortalecimento da vigilância em saúde ambiental. As mudanças climáticas podem levar a novos riscos ambientais, incluindo a exposição a poluentes e toxinas, que podem ter efeitos adversos sobre a saúde humana. Monitorar a qualidade do ar e da água, bem como os níveis de exposição a poluentes ambientais, é fundamental para a prevenção de doenças e para o desenvolvimento de políticas de saúde pública eficazes.

A adaptação das infraestruturas de saúde também é uma necessidade premente. Com o aumento da frequência e intensidade dos eventos climáticos extremos, é essencial que as instalações de saúde sejam resilientes a esses eventos. Isso inclui a construção de hospitais e clínicas capazes de resistir a desastres naturais, bem como a garantia de que os sistemas de saúde tenham planos de contingência para continuar operando durante e após tais eventos. A promoção da saúde e o bem-estar em um clima em mudança requerem uma abordagem intersectorial. As intervenções em saúde pública devem ser integradas com políticas de desenvolvimento sustentável, gestão ambiental e planejamento urbano. Por exemplo, o design urbano que promove espaços verdes e a mobilidade ativa não só melhora a qualidade do ar, mas também promove a atividade física e o bem-estar mental.

A equidade deve ser um princípio central nas respostas às mudanças climáticas e saúde. Comunidades vulneráveis e marginalizadas frequentemente enfrentam os maiores riscos para a saúde relacionados ao clima, mas têm menos recursos para se adaptar e responder. As estratégias de saúde pública devem, portanto, ser desenhadas para abordar essas desigualdades, garantindo que todos os segmentos da população tenham acesso a intervenções de saúde eficazes e a ambientes saudáveis.

A adaptação e a mitigação no contexto das mudanças climáticas e saúde também envolvem uma compreensão detalhada dos determinantes ambientais da saúde. Isso inclui a qualidade do ar, acesso a água potável, saneamento adequado e segurança alimentar. Estratégias para melhorar esses determinantes ambientais podem ter benefícios significativos para a saúde, reduzindo a vulnerabilidade a doenças e melhorando a qualidade de vida.

A abordagem das doenças e mudanças climáticas exige uma colaboração forte e uma coordenação entre os setores de saúde, ambiente e desenvolvimento. A troca de conhecimentos, experiências e recursos entre países e regiões é fundamental para desenvolver e implementar estratégias eficazes de saúde pública que possam lidar com os desafios impostos pelas mudanças climáticas. Essa colaboração é essencial para alcançar os Objetivos de Desenvolvimento Sustentável das Nações Unidas, particularmente aqueles relacionados à saúde e ao bem-estar. Ao alinhar as estratégias de saúde com as mais recentes pesquisas e inovações, e ao promover a colaboração entre diferentes setores e comunidades, podemos trabalhar eficazmente para proteger e melhorar a saúde em um mundo em constante mudança.

Finalizando nossa análise, é crítico destacar a colaboração global da inovação na saúde pública no enfrentamento dos desafios que emergem neste cenário dinâmico. O aquecimento e seus impactos não conhecem fronteiras. Por isso, a resposta a esses desafios também deve ser de todos, envolvendo a colaboração entre países, organizações internacionais, setor privado, comunidades científicas e sociedade civil.

Uma abordagem eficaz para a saúde em um clima em mudança exige o compartilhamento de conhecimento e experiências. Países e regiões que já enfrentam os impactos das mudanças climáticas sobre a saúde podem oferecer percepções valiosas e práticas eficazes que podem ser adaptadas e aplicadas em outros contextos. Da mesma forma, a colaboração internacional em pesquisa e desenvolvimento pode acelerar a inovação em saúde pública, levando ao desenvolvimento de novas tecnologias, medicamentos e estratégias de intervenção.

A capacitação e o fortalecimento das comunidades locais são também componentes essenciais para uma resposta eficaz às mudanças climáticas e saúde. Comunidades informadas e capacitadas são mais resilientes aos impactos das mudanças climáticas e podem cumprir um papel ativo na prevenção e resposta a doenças. Isso inclui não apenas a educação sobre riscos para a saúde e medidas de prevenção, mas também o envolvimento da comunidade no planejamento e na implementação de intervenções de saúde. É essencial integrar as questões de saúde nas políticas climáticas. Medidas de mitigação das mudanças climáticas, como a redução de emissões de gases de efeito estufa, não apenas protegem o meio ambiente, mas também têm benefícios significativos para a saúde, como a melhoria da qualidade do ar e a redução de doenças relacionadas à poluição. Da mesma forma, as estratégias de adaptação às mudanças climáticas devem considerar seus impactos sobre a saúde, garantindo que os sistemas de saúde estejam preparados para enfrentar os novos desafios.

Através da cooperação global, inovação, fortalecimento das comunidades locais e integração da saúde nas políticas climáticas, podemos trabalhar juntos para garantir um futuro mais saudável e sustentável.

CAPÍTULO 9: SAÚDE RESPIRATÓRIA E CLIMA

As alterações climáticas têm um impacto direto e significativo sobre a saúde respiratória da população, influenciando a incidência e a severidade de uma variedade de condições respiratórias. Este capítulo se dedica a examinar como diferentes aspectos das mudanças climáticas, incluindo aumento das temperaturas, alterações nos padrões de precipitação e eventos climáticos extremos, afetam a saúde respiratória.

Um dos impactos mais evidentes das mudanças climáticas na saúde respiratória é o agravamento da qualidade do ar. O aumento das temperaturas pode intensificar a formação de poluentes atmosféricos, como o ozônio ao nível do solo, que é um importante irritante respiratório. Ao mesmo tempo, ondas de calor e secas podem contribuir para o aumento da poeira e dos alérgenos no ar, como pólen, exacerbando condições como asma e rinite alérgica. Incêndios florestais, que estão se tornando mais frequentes e intensos em várias partes do mundo devido às mudanças climáticas, produzem grandes quantidades de fumaça e partículas finas, prejudicando significativamente a qualidade do ar e aumentando o risco de problemas respiratórios agudos e crônicos.

Além da poluição do ar, as mudanças climáticas também afetam a saúde respiratória através de alterações nos padrões de doenças infecciosas. Por exemplo, a variação nas condições climáticas pode influenciar a distribuição e a atividade de patógenos e vetores que causam doenças respiratórias. Alterações na umidade e na temperatura podem afetar a sobrevivência e a propagação de vírus respiratórios, como os vírus da gripe, potencialmente alterando os padrões de surtos sazonais.

O impacto das mudanças climáticas na saúde respiratória não é uniformemente distribuído entre a população. Indivíduos com doenças respiratórias preexistentes, crianças, idosos e grupos socioeconômicos desfavorecidos são particularmente vulneráveis aos efeitos adversos da qualidade do ar degradada e das mudanças nos padrões de doenças infecciosas. Essas disparidades destacam a necessidade de abordagens de saúde pública que priorizem a proteção dos grupos mais vulneráveis.

Diversos estudos têm demonstrado que as populações mais vulneráveis, como idosos, crianças e pessoas com condições pré-existentes, são particularmente suscetíveis aos efeitos adversos do clima na saúde respiratória. As crianças, por exemplo, são mais vulneráveis à poluição do ar devido ao seu desenvolvimento pulmonar ainda em curso e à sua maior taxa de respiração em relação ao seu tamanho corporal. Da mesma forma, os idosos podem ter uma capacidade respiratória diminuída e, muitas vezes, possuem condições crônicas que podem ser exacerbadas por fatores climáticos adversos. Populações em áreas com recursos limitados ou em comunidades desfavorecidas muitas vezes enfrentam maior exposição à poluição do ar e têm acesso reduzido a cuidados de saúde de qualidade. Isso pode levar a um maior risco de doenças respiratórias e a uma capacidade reduzida de gerenciar eficazmente essas condições. Com as mudanças climáticas, as pessoas tendem a passar mais tempo em ambientes fechados, onde podem estar expostas a poluentes internos, como mofo, ácaros e fumaça de tabaco. Esses poluentes podem agravar condições respiratórias, especialmente em ambientes mal ventilados. Portanto, a qualidade do ar interno emerge como um componente cruciforme da saúde respiratória em um clima em mudança, requerendo atenção tanto na construção de novos edifícios quanto na renovação de estruturas existentes.

A necessidade de políticas públicas integradas e baseadas em evidências é também evidente neste contexto. Políticas que visem melhorar a qualidade do ar, tanto externo quanto interno, são essenciais para a promoção da saúde respiratória. Isso pode incluir regulamentações mais rigorosas sobre emissões industriais e veiculares, incentivos para o uso de energias renováveis, e normas para a qualidade do ar em ambientes fechados. Do mesmo modo, programas de saúde pública que focam na prevenção de doenças respiratórias e na educação sobre gestão de condições crônicas são componentes vitais para a resiliência da saúde respiratória.

A interação entre saúde respiratória e clima é um lembrete da necessidade de abordagens holísticas em saúde pública. Essas abordagens devem considerar a complexidade dos determinantes de saúde, incluindo fatores ambientais, sociais e econômicos, e reconhecer as conexões entre saúde humana, saúde ambiental e políticas de desenvolvimento sustentável. Ao incorporar esses múltiplos aspectos, podemos avançar em direção a estratégias mais eficazes para proteger a saúde respiratória em um mundo cada vez mais influenciado pelas mudanças climáticas.

A resposta aos desafios impostos pelas mudanças climáticas na saúde respiratória requer uma abordagem multidisciplinar. Isso inclui o fortalecimento dos sistemas de monitoramento da qualidade do ar e vigilância de doenças respiratórias, o desenvolvimento de estratégias de saúde pública para prevenir e mitigar os impactos adversos, e a promoção de políticas que reduzam as emissões de gases de efeito estufa e outros poluentes atmosféricos. Igualmente, é importante aumentar a conscientização pública sobre os riscos para a saúde respiratória associados às mudanças climáticas e sobre as medidas preventivas que podem ser adotadas individualmente e em comunidade.

Com o aumento da incidência e da severidade das condições respiratórias devido a fatores climáticos, os sistemas de saúde precisam se adaptar para lidar com essa crescente demanda. Isso inclui não apenas o fortalecimento da capacidade dos serviços de saúde, mas também a adaptação das práticas de tratamento e prevenção para enfrentar os desafios emergentes.

Um aspecto nevrálgico nessa adaptação é a necessidade de integrar considerações climáticas no desenvolvimento de diretrizes de saúde pública para doenças respiratórias. Por exemplo, durante períodos de alta poluição do ar ou ondas de calor, pessoas com condições respiratórias preexistentes podem precisar de orientações específicas sobre como gerenciar sua saúde, incluindo ajustes na medicação e na atividade física. Da mesma forma, os sistemas de saúde devem estar preparados para um aumento nas admissões hospitalares durante esses eventos, garantindo que os recursos necessários estejam disponíveis.

Do mesmo modo, a pesquisa em saúde respiratória deve considerar as mudanças climáticas como um fator chave. Isso envolve estudar como as alterações climáticas afetam a etiologia e a progressão de doenças respiratórias, bem como identificar populações em risco e desenvolver intervenções eficazes. A pesquisa também deve explorar como as estratégias de mitigação das mudanças climáticas, como a redução da poluição do ar, podem beneficiar a saúde respiratória. Outro aspecto é aumentar a conscientização sobre a relação entre saúde respiratória e clima pode encorajar indivíduos a adotar medidas preventivas, como a redução da exposição a poluentes e alérgenos, e a aderir a práticas de saúde que promovam a resiliência respiratória. A educação também pode ajudar a fomentar um maior entendimento público sobre a importância das ações de mitigação das mudanças climáticas para a saúde respiratória. Também, é essencial abordar, como dito anteriormente, os aspectos sociais e econômicos relacionados à saúde respiratória em um contexto de mudanças climáticas. Isso inclui garantir o acesso equitativo aos cuidados de saúde, especialmente para populações vulneráveis que podem ser mais afetadas pelas mudanças climáticas e menos capazes de lidar com suas consequências. Políticas públicas que abordem as desigualdades sociais e econômicas podem ter um papel decisivo nessa redução.

As variações climáticas podem alterar os padrões de floração das plantas e a distribuição de poluentes alergênicos, como pólen e esporos de fungos, afetando significativamente indivíduos com alergias respiratórias. O aumento das temperaturas e alterações nos padrões de chuva podem prolongar as temporadas de alergia e aumentar a concentração de alérgenos no ar, exacerbando os sintomas em pessoas com rinite alérgica e asma. Esta situação sublinha a importância de monitorar as tendências climáticas para prever os períodos de alta concentração de alérgenos e fornecer orientações adequadas para os indivíduos afetados. Ao mesmo tempo, as interações entre diferentes poluentes atmosféricos e os alérgenos podem potencializar os efeitos sobre a saúde respiratória. Por exemplo, a exposição simultânea a ozônio e pólen pode ter efeitos mais prejudiciais do que a exposição a cada um desses fatores isoladamente. Assim, entender a sinergia entre diferentes poluentes e alérgenos em um contexto de mudanças climáticas é importante para o desenvolvimento de estratégias eficazes de gestão da saúde respiratória.

A necessidade de abordagens adaptativas na saúde pública também se estende ao planejamento urbano e ambiental. Áreas urbanas, em particular, enfrentam desafios únicos relacionados à qualidade do ar, devido a fatores como tráfego intenso e concentração de indústrias. Estratégias de planejamento urbano que promovam espaços verdes, reduzam a poluição do ar e melhorem a ventilação urbana podem ter um impacto positivo significativo na saúde respiratória da população urbana.

Ainda, a colaboração entre profissionais de saúde, meteorologistas e planejadores urbanos é fundamental para desenvolver respostas integradas aos desafios impostos pelas mudanças climáticas. Por exemplo, sistemas de alerta que combinem dados meteorológicos com indicadores de saúde podem ser utilizados para alertar as populações sobre condições de alto risco para a saúde respiratória, como ondas de calor ou altos níveis de poluição do ar.

Nesse aspecto, a educação e a conscientização pública são componentes chave na gestão da saúde respiratória em um clima em mudança. Informar a população sobre como as mudanças climáticas afetam a saúde respiratória e sobre estratégias para minimizar os riscos é essencial. Isso inclui orientações sobre como gerenciar condições respiratórias crônicas, como utilizar adequadamente medicações, e sobre medidas preventivas, como a redução da exposição a poluentes e alérgenos.

As projeções climáticas indicam que os padrões de temperatura, umidade e precipitação continuarão a mudar, o que provavelmente exacerbará os problemas de saúde respiratória. Portanto, é essencial antecipar esses desafios e desenvolver estratégias inovadoras para proteger a saúde respiratória sob estas novas condições climáticas.

Uma área de inovação capital é o desenvolvimento de sistemas de saúde que sejam resilientes às mudanças climáticas. Isso envolve não apenas fortalecer a infraestrutura física dos serviços de saúde para resistir a eventos climáticos extremos, mas também adaptar as práticas de saúde para responder eficazmente às necessidades emergentes. Por exemplo, a implementação de sistemas de telemedicina pode oferecer uma alternativa valiosa para fornecer cuidados de saúde respiratória durante episódios de poluição do ar extremamente alta, quando pode ser aconselhável limitar a exposição ao ar externo. A pesquisa e o desenvolvimento de tratamentos e medicamentos mais eficazes para doenças respiratórias em um contexto de mudanças climáticas são essenciais. Isso pode incluir o desenvolvimento de novas terapias farmacológicas, vacinas ou intervenções não farmacológicas adaptadas para lidar com as condições emergentes relacionadas ao clima.

Outro ponto importante é a integração de sistemas de alerta de saúde pública que possam fornecer informações em tempo real sobre riscos à saúde respiratória associados a condições climáticas. Por exemplo, sistemas de alerta para ondas de calor, poluição do ar ou altos níveis de alérgenos podem ajudar indivíduos e profissionais de saúde a tomar medidas preventivas e mitigadoras.

A colaboração entre diferentes disciplinas e setores também é fundamental para abordar eficazmente os desafios da saúde respiratória em um clima em mudança. A integração de conhecimentos em climatologia, saúde pública, urbanismo e tecnologia pode levar a soluções inovadoras e mais eficazes. Por exemplo, o planejamento urbano que prioriza espaços verdes pode não apenas melhorar a qualidade do ar, mas também proporcionar espaços para atividades físicas que são benéficas para a saúde respiratória.

A promoção de políticas públicas que abordem as causas subjacentes das mudanças climáticas é nevrálgica. Medidas que visam reduzir as emissões de gases de efeito estufa, como o investimento em energias renováveis e o incentivo ao transporte sustentável, são capitais para mitigar o impacto das mudanças climáticas na saúde respiratória a longo prazo.

Portanto, a relação entre saúde respiratória e clima é um campo vivo que requer uma abordagem proativa e inovadora. Ao antecipar os desafios futuros e explorar novas oportunidades de pesquisa e colaboração, podemos desenvolver estratégias eficazes para proteger a saúde respiratória em um mundo em constante mudança climática.

A relação entre saúde respiratória e clima é complexa, e exige uma abordagem integrada e adaptativa. Ao incorporar considerações climáticas nas práticas de saúde pública, pesquisa, educação e política, podemos fortalecer nossa resposta aos desafios respiratórios em um mundo em transformação climática, protegendo a saúde e o bem-estar das populações em todo o mundo.

CAPÍTULO 10: ONDAS DE CALOR E SAÚDE

O fenômeno das ondas de calor, caracterizado por períodos prolongados de temperaturas extremamente altas, tem se tornado cada vez mais frequente e intenso devido às mudanças climáticas globais. Esses eventos climáticos extremos têm implicações significativas para a saúde humana, afetando diversos sistemas do corpo e podendo levar a uma série de complicações médicas.

Um dos impactos mais imediatos das ondas de calor é o aumento do risco de doenças relacionadas ao calor, como insolação e exaustão pelo calor. A insolação ocorre quando o corpo é incapaz de regular sua temperatura, levando a uma condição médica grave que necessita de atenção imediata. Sintomas incluem temperatura corporal extremamente alta, pele vermelha e seca, pulsação rápida, dor de cabeça, náuseas, tontura e confusão. Se não tratada prontamente, a insolação pode causar danos aos órgãos vitais e, em casos extremos, pode ser fatal. As ondas de calor podem exacerbar condições crônicas, especialmente em indivíduos com doenças cardiovasculares, respiratórias e metabólicas. Por exemplo, em pacientes com doenças cardíacas, o calor extremo pode aumentar a demanda sobre o coração, potencialmente levando a um maior risco de eventos cardíacos adversos. Da mesma forma, indivíduos com doenças respiratórias, como asma, podem experimentar um agravamento dos sintomas devido ao aumento da poluição do ar que frequentemente acompanha as ondas de calor.

A saúde mental também pode ser afetada por ondas de calor. O estresse térmico pode levar a um aumento na irritabilidade, diminuição da concentração e exacerbação de condições de saúde mental existentes. O desconforto prolongado e as perturbações no sono durante as ondas de calor podem contribuir para o aumento do estresse e da ansiedade.

As ondas de calor também têm implicações significativas para a saúde pública. Grupos vulneráveis, como idosos, crianças, trabalhadores ao ar livre e pessoas sem acesso a refrigeração adequada, são particularmente suscetíveis aos efeitos adversos do calor extremo. Isso destaca a necessidade de estratégias de saúde pública para prevenir e responder aos riscos para a saúde associados às ondas de calor, incluindo sistemas de alerta precoce, centros de resfriamento e educação sobre medidas de proteção contra o calor. É importante considerar que as ondas de calor não apenas afetam a saúde física e mental, mas também podem ter impactos econômicos, sociais e ambientais. Por exemplo, podem levar a um aumento no uso de energia para refrigeração, afetando os sistemas de energia e contribuindo para a poluição do ar. Da mesma forma, podem impactar a produção agrícola, a disponibilidade de água e a biodiversidade.

Durante uma onda de calor, o corpo trabalha intensamente para manter a homeostase térmica, principalmente através da transpiração e da vasodilatação periférica. No entanto, em condições de calor extremo, esses mecanismos podem se tornar insuficientes, levando ao acúmulo de calor no corpo e, eventualmente, a distúrbios do calor.

Para profissionais de saúde, é importante reconhecer os sinais e sintomas de doenças relacionadas ao calor, que podem variar de condições leves, como cãibras de calor e exaustão pelo calor, a condições potencialmente fatais, como a insolação. A capacidade de diagnosticar rapidamente e responder a essas condições é vital, especialmente durante períodos de ondas de calor, quando a incidência desses casos pode aumentar significativamente. Os profissionais de saúde devem estar cientes dos fatores de risco que aumentam a vulnerabilidade dos indivíduos às ondas de calor. Idosos, por exemplo, podem ter uma resposta termorregulatória diminuída e muitas vezes estão tomando medicamentos que podem afetar a homeostase térmica. Pacientes com doenças crônicas, como insuficiência cardíaca ou doenças pulmonares obstrutivas crônicas, também estão em maior risco durante as ondas de calor. Reconhecer esses fatores de risco permite a identificação de indivíduos que podem necessitar de intervenções preventivas e monitoramento mais rigoroso durante períodos de calor extremo. Estudos contínuos sobre os impactos fisiológicos das ondas de calor, estratégias de prevenção e tratamento eficazes e o desenvolvimento de diretrizes clínicas específicas são essenciais para melhorar a resposta do sistema de saúde a esses eventos climáticos extremos.

A educação dos pacientes e da comunidade sobre como se proteger durante as ondas de calor é outra responsabilidade decisiva dos profissionais de saúde. Isso inclui a promoção de hidratação adequada, uso de roupas leves, evitando a exposição ao calor durante as horas mais quentes do dia e o reconhecimento dos sintomas precoces de doenças relacionadas ao calor. É importante aconselhar sobre o uso adequado de aparelhos de ar condicionado e ventiladores, bem como sobre a importância de espaços frescos e sombreados.

Ainda sobre educação, a formação e a educação continuada dos profissionais de saúde sobre os riscos e o manejo das doenças relacionadas ao calor são fundamentais. Os profissionais de saúde devem estar cientes das melhores práticas para tratar pacientes afetados pelo calor e como aconselhá-los sobre a prevenção. Isso inclui entender as particularidades do tratamento de populações vulneráveis, como idosos, crianças e pacientes com doenças crônicas. É essencial abordar a importância da preparação e da resposta dos sistemas de saúde a esses eventos extremos. Os profissionais de saúde devem estar preparados para um aumento na demanda durante as ondas de calor, o que pode incluir um maior número de atendimentos de emergência e hospitalizações. A preparação eficaz requer um planejamento cuidadoso, que pode envolver o aumento da capacidade dos serviços de emergência, o estabelecimento de protocolos de triagem para identificar rapidamente os casos mais graves de doenças relacionadas ao calor e a garantia de que os recursos necessários, como leitos hospitalares e suprimentos médicos, estejam disponíveis e acessíveis.

As ondas de calor não afetam apenas a saúde física, mas também podem ter efeitos significativos sobre a saúde mental e o bem-estar social das pessoas. O desconforto prolongado, a perturbação do sono e o estresse associado às temperaturas extremamente altas podem contribuir para o aumento de problemas psicológicos, como ansiedade, depressão e estresse. As ondas de calor podem intensificar a sensação de isolamento social, especialmente entre os idosos e outros grupos vulneráveis que podem ter dificuldades para sair de casa durante esses períodos.

Outra dimensão importante é o impacto das ondas de calor sobre as populações urbanas. As áreas urbanas frequentemente experimentam o fenômeno da "ilha de calor urbano", onde as temperaturas podem ser significativamente mais altas do que nas áreas rurais circundantes devido à concentração de edifícios, asfalto e outras superfícies que retêm calor. Isso pode agravar os efeitos, aumentando o risco de doenças relacionadas e exacerbando problemas ambientais, como a poluição do ar. Portanto, o planejamento urbano e as políticas públicas precisam considerar estratégias para mitigar o efeito das ilhas de calor urbano, como o aumento de áreas verdes e a melhoria da ventilação nas cidades. As ondas de calor representam um desafio específico para certas ocupações. Trabalhadores ao ar livre, como agricultores, trabalhadores da construção civil e atletas, enfrentam um risco aumentado de doenças relacionadas ao calor. Isso implica na necessidade de políticas de saúde ocupacional que considerem medidas de proteção, como horários de trabalho adaptados, acesso a água e locais frescos para descanso.

As ondas de calor também demandam uma atenção especial no contexto de eventos esportivos e atividades recreativas ao ar livre. A realização de eventos esportivos durante certos períodos requer medidas de prevenção e resposta específicas para proteger atletas, espectadores e organizadores.

Isso inclui o monitoramento das condições climáticas, a disponibilização de recursos para resfriamento e hidratação e, em alguns casos, a reprogramação ou cancelamento de eventos.

Um aumento substancial da temperatura ambiente pode levar a uma série de reações fisiológicas que vão além do simples desconforto, provocando respostas que podem ser prejudiciais, especialmente quando a exposição é prolongada ou intensa. Em relação ao sistema cardiovascular, o calor excessivo impõe uma carga adicional sobre o coração. O corpo tenta dissipar o calor através do aumento do fluxo sanguíneo para a pele, o que pode resultar em uma diminuição do fluxo para órgãos vitais. Isso é particularmente preocupante em indivíduos com condições cardíacas preexistentes, pois pode exacerbar problemas como insuficiência cardíaca e aumentar o risco de eventos cardiovasculares graves.

No que diz respeito ao sistema renal, a desidratação e o estresse térmico podem prejudicar a função renal. A perda de fluidos e eletrólitos, especialmente em situações onde a reposição não é adequada, pode levar a condições como cálculos renais, insuficiência renal e, em casos extremos, insuficiência renal aguda. Este risco é agravado em indivíduos com doença renal crônica e aqueles que realizam atividades físicas intensas ou trabalham em ambientes quentes. Temperaturas elevadas podem afetar a farmacocinética e a farmacodinâmica de vários medicamentos, alterando sua eficácia e perfil de segurança. Pacientes que utilizam medicamentos para condições crônicas, como hipertensão e diabetes, podem necessitar de ajustes em suas terapias durante períodos de calor intenso. Isso destaca a importância da comunicação entre profissionais de saúde e pacientes sobre a gestão de medicamentos em condições climáticas extremas.

Estudos indicam que a exposição prolongada a altas temperaturas pode não apenas exacerbar condições crônicas pré-existentes, mas também pode contribuir para o desenvolvimento de novas condições de saúde a longo prazo. Por exemplo, a exposição constante ao calor extremo pode afetar adversamente o metabolismo do corpo. Pode ocorrer um aumento nos níveis de estresse oxidativo e inflamação sistêmica, desidratação crônica e sobrecarga do sistema cardiovascular em temperaturas elevadas que podem levar a alterações na pressão arterial e outras complicações cardiovasculares.

Além da saúde física, o impacto das temperaturas elevadas na cognição e no funcionamento psicológico também merece vigilância. Um dos efeitos mais imediatos do calor excessivo é a redução da capacidade de concentração e o declínio no desempenho cognitivo. Estudantes expostos a altas temperaturas podem experimentar dificuldades de memória, diminuição da atenção e lentidão no processamento de informações. Isso é particularmente preocupante durante períodos críticos do ano letivo, como durante exames ou prazos de entrega de trabalhos, onde o desempenho acadêmico é patente. Do mesmo modo, o calor extremo em ambientes escolares pode levar a desconforto físico significativo, que por sua vez afeta a capacidade de concentração e participação das atividades escolares. Salas de aula sem climatização adequada podem se tornar ambientes propícios para o desenvolvimento de doenças relacionadas ao calor, como exaustão, especialmente em regiões tropicais onde as temperaturas são particularmente altas.

A saúde mental dos estudantes também pode ser afetada pelo calor excessivo. O desconforto prolongado, a perturbação do sono e o estresse associado às temperaturas elevadas podem contribuir para o aumento da irritabilidade, ansiedade e outros problemas de saúde mental. Para estudantes que já enfrentam desafios psicológicos, o calor pode exacerbar essas condições.

Neste contexto, é essencial que as instituições educacionais adotem medidas para mitigar os efeitos do aquecimento. Isso pode incluir a adaptação dos horários escolares para evitar as horas mais quentes do dia, a melhoria da ventilação e climatização nas salas de aula e a promoção de estratégias de hidratação e proteção entre os estudantes. É importante que os professores estejam cientes dos possíveis efeitos do calor sobre seus alunos e adaptem suas metodologias de ensino e avaliação para levar em conta esses desafios.

A inclusão de educação sobre as mudanças climáticas e saúde no currículo escolar pode ser uma estratégia valiosa. Ensinar os estudantes sobre os impactos do clima na saúde e bem-estar, bem como estratégias de adaptação e mitigação, não apenas aumenta a conscientização, mas também os capacita a tomar decisões informadas e a adotar comportamentos saudáveis em um clima em mudança.

É essencial compreender como o calor intenso pode afetar de forma específica os processos fisiológicos e psicológicos nos grupos populacionais. Do ponto de vista fisiológico, a exposição prolongada ao calor pode levar a um estado de hipertermia, onde o corpo não consegue dissipar o calor de forma eficiente. Isso pode resultar em uma série de complicações médicas, desde exaustão, caracterizada por sintomas como fraqueza, tonturas e desmaios, até condições mais graves como a insolação, uma emergência médica que requer atenção imediata. Os profissionais de saúde que atendem populações estudantis devem estar cientes desses riscos e preparados para reconhecer e tratar essas condições rapidamente.

No âmbito da medicina preventiva, é necessário e urgente uma implementação de programas de educação e conscientização sobre os riscos associados ao calor. Tais programas podem abordar estratégias para evitar a exposição excessiva ao calor, a importância da hidratação adequada e o reconhecimento precoce dos sinais de doenças. Instituições educacionais, em colaboração com profissionais de saúde, são instrumentos decisivos na promoção dessas práticas preventivas.

Finalmente, no contexto da medicina comunitária e da saúde pública, é essencial o desenvolvimento de estratégias abrangentes para proteger as pessoas. Isso pode incluir a modificação dos horários escolares e de trabalho, a melhoria das instalações para garantir ambientes mais frescos e seguros e a implementação de políticas que promovam a resiliência às mudanças climáticas nas comunidades.

Através da colaboração entre medicina, saúde pública e educação, podemos assegurar não apenas o nosso bem-estar físico e mental, mas também apoiar um desenvolvimento social em um clima cada vez mais desafiador. Com isso, sublinhamos a necessidade de medidas proativas e baseadas em evidências para enfrentar os impactos das altas temperaturas na saúde, preparando-nos para um futuro mais saudável e resiliente.

CAPÍTULO 11:
MUDANÇAS CLIMÁTICAS E SAÚDE MENTAL

A interação entre mudanças climáticas e saúde mental representa um campo emergente de pesquisa que engloba uma variedade de dimensões psicológicas, sociais e ambientais. O impacto psicológico das mudanças climáticas é multifacetado, influenciando direta e indiretamente a saúde mental das populações em todo o mundo. Esta intersecção abarca tanto os efeitos diretos, como o estresse causado por eventos climáticos extremos, quanto os indiretos, que incluem a ansiedade relacionada à percepção e preocupação com as futuras implicações das mudanças climáticas.

O conceito de ecoansiedade, definido como uma forma de angústia psicológica causada pela consciência das mudanças ambientais e suas consequências, tem ganhado destaque nos estudos psicológicos. Esta ansiedade não se limita apenas à preocupação com eventos futuros, mas também engloba um luto pelo que já foi perdido - espécies extintas, ecossistemas danificados, e modos de vida alterados. Ao mesmo tempo, a ecoansiedade pode ser exacerbada pela sensação de impotência ou frustração frente à magnitude do problema e a percepção de inação por partes dos governos e instituições.

Outro aspecto relevante é o impacto psicológico de eventos climáticos extremos, como inundações, secas e ondas de calor. Esses eventos podem desencadear transtornos de estresse pós-traumático, depressão e ansiedade, além de afetar as redes de suporte social e comunitário. As populações mais vulneráveis, que muitas vezes são as menos responsáveis pelas mudanças climáticas, tendem a ser as mais afetadas, exacerbando desigualdades sociais e de saúde existentes.

A saúde mental coletiva também é influenciada pela mudança climática, pois a percepção de uma ameaça compartilhada pode levar a um senso de desesperança coletiva ou, alternativamente, a um aumento na solidariedade e na ação coletiva. A forma como as comunidades interpretam e respondem a essas ameaças podem ser cruciais para determinar os resultados de saúde mental em larga escala.

No entanto, é importante notar que a relação entre mudanças climáticas e saúde mental não é unidirecional. A saúde mental influencia a maneira como as pessoas percebem e respondem às mudanças climáticas, com implicações para o engajamento em comportamentos sustentáveis e políticas ambientais. Compreender essa dinâmica é fundamental para desenvolver estratégias eficazes de mitigação e adaptação, tanto no nível individual quanto coletivo.

A pesquisa neste campo é vital para informar políticas públicas e estratégias de intervenção que abordem tanto as mudanças climáticas quanto a saúde mental. É um domínio que requer uma abordagem interdisciplinar, integrando conhecimentos da psicologia, ecologia, sociologia, saúde pública e outras disciplinas para desenvolver soluções holísticas e eficazes. À medida que avançamos, a colaboração entre esses campos torna-se cada vez mais decisiva para enfrentar os desafios interconectados do século XXI.

A forma como as mudanças climáticas são comunicadas ao público pode ter um impacto significativo na saúde mental das pessoas. Narrativas catastróficas, por exemplo, podem intensificar sentimentos de desesperança e impotência, enquanto mensagens que enfatizam a resiliência e a ação positiva podem fomentar o engajamento e o otimismo.

É interessante notar que a exposição constante a informações sobre as mudanças climáticas, especialmente aquelas que pintam um cenário desolador, pode levar a um fenômeno conhecido como "fadiga climática". Essa condição caracteriza-se por uma espécie de entorpecimento emocional ou desensibilização às questões climáticas, o que pode diminuir a motivação para a ação ambiental. Portanto, compreender e abordar a fadiga climática é fundamental para manter o engajamento público nas questões ambientais. A pesquisa nessa área revela a importância da educação ambiental e da alfabetização climática como ferramentas para fortalecer a resiliência mental. Programas educacionais que fornecem informações precisas e práticas sobre as mudanças climáticas, juntamente com estratégias para lidar com a ansiedade ambiental, são essenciais. Tais programas podem ajudar as pessoas a se sentirem mais capacitadas e menos ansiosas, promovendo um maior senso de agência e controle.

É importante considerar a perspectiva da saúde mental no planejamento e na implementação de políticas de mitigação e adaptação às mudanças climáticas. Políticas que ignoram os impactos psicológicos das mudanças climáticas podem não apenas falhar em atender às necessidades da população, mas também agravar o estresse e a ansiedade relacionados ao clima. Uma abordagem integrada que leve em conta tanto a sustentabilidade ambiental quanto o bem-estar psicológico é, portanto, essencial.

No cenário internacional, observa-se um crescente reconhecimento da interconexão entre mudanças climáticas e saúde mental. Organizações como a Organização Mundial da Saúde e o Painel Intergovernamental sobre Mudanças Climáticas começaram a incluir considerações de saúde mental em suas avaliações e recomendações. Isso marca um passo importante na direção de uma abordagem mais holística e multidimensional para lidar com as mudanças climáticas. É vital explorar o conceito de resiliência psicológica neste contexto. Resiliência, neste caso, refere-se à capacidade de indivíduos e comunidades se adaptarem e se recuperarem de adversidades relacionadas ao clima. Estratégias para fortalecer a resiliência psicológica podem variar desde o nível individual, enfocando o desenvolvimento de habilidades de enfrentamento e bem-estar emocional, até o nível comunitário, promovendo redes de apoio e sistemas de resposta coletiva.

Um aspecto-chave no fortalecimento da resiliência é a incorporação da saúde mental em planos de ação climática e em programas de gestão de desastres. Isso pode incluir a provisão de apoio psicológico após eventos climáticos extremos, bem como a integração de considerações de saúde mental em estratégias de adaptação a longo prazo. A colaboração entre profissionais de saúde mental, planejadores urbanos, ambientalistas e outros stakeholders é fundamental para desenvolver abordagens integradas que abordem tanto a saúde mental quanto os desafios climáticos. Pesquisas interdisciplinares que combinam esclarecimentos da psicologia, ecologia, sociologia, e outros campos são essenciais para desvendar as complexas interações entre o clima e a psique humana. Estudos longitudinais e comparativos podem oferecer uma compreensão mais aprofundada de como diferentes populações e comunidades são afetadas e como elas se adaptam às mudanças climáticas ao longo do tempo. A consideração das dimensões culturais e socioeconômicas é capital na abordagem das questões de saúde mental relacionadas ao clima. Diferentes culturas e grupos sociais podem experimentar e interpretar as mudanças climáticas de maneiras variadas, o que afeta a sua saúde mental e comportamentos de adaptação. Estratégias de intervenção devem ser culturalmente sensíveis e adaptadas às necessidades específicas de diferentes comunidades.

O trauma intergeracional, que pode surgir em comunidades que vivenciaram eventos climáticos extremos ou mudanças ambientais de longo prazo, é um aspecto sério que merece atenção. Essa forma de trauma não se limita a uma única geração, mas pode afetar descendentes através de narrativas familiares, práticas culturais e respostas coletivas ao estresse. Entender e abordar esse trauma é essencial para curar comunidades e construir resiliência a longo prazo.

No contexto da justiça climática, a saúde mental emerge como um elemento-chave. As populações mais atingidas pelas mudanças climáticas frequentemente são aquelas com menor capacidade de resposta e adaptação, incluindo comunidades marginalizadas, povos indígenas e nações em desenvolvimento. Essas populações enfrentam não apenas as consequências diretas das mudanças climáticas, mas também os efeitos psicológicos de serem desproporcionalmente afetadas. Assim, a luta pela justiça climática também é uma luta pela equidade em saúde mental.

A ligação entre saúde mental e mudanças climáticas tem implicações para a ação e política climática. As políticas climáticas eficazes devem levar em conta não apenas os aspectos físicos e econômicos das mudanças climáticas, mas também os impactos psicológicos e sociais. Incluir a saúde mental nas políticas climáticas não só melhora a eficácia dessas políticas, mas também ajuda a criar um maior senso de urgência e conexão pessoal com a questão climática.

A pesquisa e intervenção em saúde mental relacionada ao clima também devem ser adaptáveis e evolutivas. À medida que o clima continua a mudar e novas informações emergem, as estratégias de saúde mental devem ser revisadas e atualizadas continuamente. Isso requer um compromisso com a aprendizagem contínua e a flexibilidade para ajustar abordagens à medida que novos desafios e oportunidades surgem.

Médicos e outros profissionais de saúde enfrentam o desafio de identificar e tratar os impactos psicológicos das mudanças climáticas nos pacientes. Isso pode envolver o reconhecimento de sintomas de ansiedade, depressão e estresse pós-traumático que podem ser exacerbados ou desencadeados por eventos climáticos extremos ou pela preocupação crônica com as mudanças ambientais.

A formação médica e a prática clínica devem, portanto, evoluir para incorporar um entendimento sobre como as mudanças climáticas afetam a saúde mental. Isso inclui a capacitação para identificar e abordar questões relacionadas ao clima em consultas médicas, bem como a integração de práticas sustentáveis e conscientes do clima na própria gestão da saúde.

Ainda, a saúde mental relacionada ao clima deve ser considerada no contexto mais amplo da saúde física. Há uma interconexão entre a saúde física e psicológica, e as mudanças climáticas afetam ambas. Por exemplo, eventos climáticos extremos podem levar a lesões físicas que, por sua vez, podem desencadear ou agravar problemas de saúde mental. Da mesma forma, a deterioração da saúde mental pode ter implicações físicas, afetando a imunidade, o sono e a capacidade de manter estilos de vida saudáveis.

A atuação dos profissionais de saúde também se estende à advocacia e à educação pública. Médicos e outros trabalhadores da saúde podem ser vozes poderosas na conscientização sobre os impactos das mudanças climáticas na saúde mental e física. Eles podem também desempenhar uma importante função na promoção de políticas de saúde pública que levem em conta as consequências das mudanças climáticas para a saúde. É necessário, portanto, um investimento contínuo em pesquisas que explorem a relação entre mudanças climáticas e saúde mental. Isso pode incluir estudos epidemiológicos para rastrear a prevalência de transtornos mentais em contextos de mudanças climáticas, bem como pesquisas clínicas para desenvolver intervenções eficazes.

CAPÍTULO 12: NUTRIÇÃO, AGRICULTURA E CLIMA

A interseção entre nutrição, agricultura e as mudanças climáticas constitui um campo de estudo relevante e intrincado, demandando uma análise aprofundada e multifatorial. As alterações climáticas, induzidas por fatores como o aumento nas emissões de gases de efeito estufa e a consequente elevação das temperaturas globais, exercem um impacto significativo sobre os sistemas agrícolas. Estes impactos não são meramente unidimensionais, mas sim reverberam através de diversas facetas da produção agrícola, influenciando diretamente a segurança alimentar e a qualidade nutricional dos alimentos produzidos.

Primeiramente, é essencial compreender que as mudanças climáticas podem afetar a agricultura de maneiras variadas. Alterações nos padrões de precipitação, por exemplo, podem levar a períodos de seca ou, inversamente, a enchentes, ambos os cenários desafiando a prática agrícola. Essas mudanças nos regimes hídricos não só afetam a quantidade de alimentos produzidos, mas também podem levar a uma degradação na qualidade do solo, afetando assim a capacidade de cultivo a longo prazo. O aumento da temperatura pode alterar a distribuição geográfica de pragas e doenças das plantas, exigindo assim novas estratégias de manejo e controle.

No que tange à nutrição, as repercussões das mudanças climáticas são igualmente complexas. A alteração nas condições climáticas pode impactar a composição nutricional dos alimentos. Por exemplo, estudos indicam que o aumento dos níveis de dióxido de carbono na atmosfera pode reduzir o conteúdo de minerais essenciais e proteínas em culturas como trigo e arroz, essenciais na dieta de grande parte da população mundial. Essa diminuição na qualidade nutricional dos alimentos pode ter implicações significativas para a saúde pública, especialmente em regiões onde a segurança alimentar já é uma preocupação.

Ademais, as mudanças climáticas podem agravar os desafios existentes relacionados à segurança alimentar. A vulnerabilidade de comunidades agrícolas, particularmente em regiões menos desenvolvidas, é exacerbada por eventos climáticos extremos, tais como secas e inundações, que podem destruir colheitas e infraestruturas de apoio. Isso não apenas impacta a disponibilidade de alimentos, mas também pode levar a aumentos de preços, tornando os alimentos nutritivos menos acessíveis para populações de baixa renda.

Um aspecto fundamental é a necessidade de adaptação dos sistemas agrícolas às novas realidades climáticas. A adaptação, neste contexto, envolve a previsão de cenários futuros e a implementação de práticas agrícolas inovadoras que sejam resilientes às variações climáticas. Isso pode incluir o desenvolvimento de variedades de culturas tolerantes a condições extremas, como seca ou calor excessivo, bem como a adoção de práticas agrícolas sustentáveis que promovam a conservação do solo e da água, e a biodiversidade.

Ao mesmo tempo, a nutrição humana está intrinsecamente ligada às práticas agrícolas sustentáveis. Uma agricultura que respeita os limites ecológicos e promove a biodiversidade pode não só mitigar os efeitos das mudanças climáticas, mas também garantir uma oferta diversificada de alimentos ricos em nutrientes. Diversificação de culturas, agroecologia e sistemas de policultura são exemplos de práticas que podem contribuir tanto para a resiliência climática quanto para a segurança nutricional.

No entanto, é importante destacar que as soluções para os desafios impostos pelas mudanças climáticas na agricultura e nutrição não são exclusivamente tecnológicas ou agronômicas. A dimensão social com políticas públicas que apoiam pequenos agricultores, garantem acesso equitativo a recursos como terra e água, e promovem cadeias de abastecimento alimentar justas e sustentáveis são essenciais para enfrentar as desigualdades existentes, que são muitas vezes exacerbadas pelas mudanças climáticas.

Ainda, é pertinente destacar a importância da segurança alimentar como um dos pilares centrais deste trinômio. A segurança alimentar, definida como o acesso de todos, a todo momento, a alimentos suficientes, seguros e nutritivos para uma vida saudável, é profundamente afetada pelas mudanças climáticas. O impacto sobre a segurança alimentar é complexo e abrange desde a disponibilidade de alimentos até a estabilidade dos sistemas alimentares.

A volatilidade dos rendimentos agrícolas causada por eventos climáticos extremos e padrões climáticos imprevisíveis ameaça a estabilidade do suprimento de alimentos. Isso não apenas afeta a disponibilidade de alimentos, mas também pode provocar flutuações nos preços, afetando o acesso econômico aos alimentos, especialmente para as populações mais vulneráveis. A qualidade e a segurança dos alimentos podem ser comprometidas. Por exemplo, condições climáticas extremas podem aumentar os riscos de contaminação por micotoxinas em grãos e cereais, um problema significativo para a saúde humana.

Diante deste cenário, a resiliência dos sistemas alimentares assume uma importância crítica. Construir resiliência nos sistemas alimentares envolve não apenas aperfeiçoar as práticas agrícolas, mas também desenvolver redes de distribuição robustas que possam mitigar os impactos de choques climáticos. Isso inclui a diversificação das fontes de alimentos, a promoção de cadeias de abastecimento locais e regionais, e o fortalecimento das capacidades das comunidades para gerenciar recursos agrícolas de maneira sustentável.

Outro aspecto é a necessidade de integração da nutrição nas estratégias de adaptação e mitigação das mudanças climáticas. Isso implica considerar os impactos nutricionais das escolhas agrícolas e de políticas alimentares. Por exemplo, incentivar culturas que são não apenas resistentes a condições climáticas adversas, mas que também são nutritivas e diversificadas, pode ajudar a garantir a segurança nutricional. Investir em pesquisa agronômica para desenvolver práticas e tecnologias que possam aumentar a produtividade agrícola de maneira sustentável e resiliente ao clima é essencial. Isto inclui melhoramento de culturas, manejo integrado de pragas e doenças, e tecnologias de irrigação eficientes. O desafio de manter a segurança alimentar e nutricional em um mundo em mudança climática exige uma abordagem que seja ao mesmo tempo inovadora e sensível às complexidades sociais e ambientais. A colaboração entre diferentes setores, incluindo agricultura, saúde, educação e política, é indispensável para desenvolver estratégias eficazes que garantam não apenas a sustentabilidade dos sistemas alimentares, mas também a saúde e bem-estar das populações globais.

A inovação, particularmente no campo da biotecnologia e da agricultura de precisão, oferece oportunidades para aumentar a eficiência e a sustentabilidade dos sistemas de produção de alimentos, mesmo diante das adversidades climáticas. Por exemplo, técnicas avançadas de cultivo, como hidroponia e aquaponia, podem oferecer métodos de produção de alimentos mais resilientes e menos dependentes de condições climáticas ideais. O uso de tecnologias de informação e comunicação na agricultura permite um gerenciamento mais preciso dos recursos, o que é essencial em um cenário de recursos hídricos limitados e padrões climáticos incertos.

Simultaneamente, é imperativo reconhecer a importância de uma rica biodiversidade na manutenção da resiliência dos sistemas agrícolas e alimentares, tanto em termos de variedades de culturas quanto de espécies animais, ela oferece um portfólio de características genéticas que podem ser cruciais na adaptação às mudanças climáticas. Culturas tradicionais e variedades locais, muitas vezes negligenciadas na agricultura convencional, podem conter traços valiosos de resistência a estresses ambientais. Portanto, a conservação e o uso sustentável da biodiversidade agrícola são essenciais para garantir a segurança alimentar a longo prazo. Práticas sustentáveis de manejo do solo, gestão da água e conservação da biodiversidade são essenciais para manter a saúde dos ecossistemas, que por sua vez sustentam a produção agrícola. Estratégias como a agricultura regenerativa, que visam não apenas a produção de alimentos, mas também a melhoria da saúde do solo e dos ecossistemas, são vitais para a criação de sistemas alimentares sustentáveis e resilientes.

É também importante abordar o aspecto do consumo sustentável. A demanda por alimentos e padrões de consumo têm um impacto significativo sobre os sistemas de produção agrícola e sobre o meio ambiente. Dietas ricas em produtos de origem animal, por exemplo, têm uma pegada de carbono maior em comparação com dietas baseadas em plantas. Assim, promover dietas sustentáveis e conscientização sobre o impacto ambiental das escolhas alimentares é uma parte importante nessa equação.

Abordar as desigualdades sociais e econômicas inerentes aos sistemas alimentares é fundamental. As mudanças climáticas têm impactos desproporcionais sobre as comunidades mais vulneráveis, que muitas vezes dependem da agricultura para sua subsistência. Políticas que visam a equidade, o apoio a pequenos agricultores e comunidades indígenas, e o fortalecimento da resiliência das comunidades rurais são essenciais para um enfrentamento justo e eficaz das mudanças climáticas.

A colaboração internacional e o compartilhamento de conhecimento são fundamentais nesse domínio. As mudanças climáticas são um problema global, e as soluções para os desafios de saúde mental associados requerem uma abordagem global. Isso inclui compartilhar estratégias de resiliência e adaptação, pesquisas e recursos entre países e culturas, com o objetivo de criar uma resposta coletiva mais eficaz e inclusiva.

Ao aprofundarmos nossa análise sobre a relação entre nutrição, agricultura e mudanças climáticas, torna-se evidente que a educação e a sensibilização são componentes fundamentais para enfrentar esses desafios. A educação, não apenas formal, mas também comunitária e em nível de base pode ajudar, de forma ativa, na promoção de práticas sustentáveis e na adoção de dietas mais saudáveis e ecologicamente responsáveis. A conscientização sobre as implicações das mudanças climáticas na produção de alimentos e na nutrição, assim como o conhecimento sobre práticas agrícolas sustentáveis, podem capacitar indivíduos e comunidades a tomarem decisões informadas, contribuindo para sistemas alimentares mais resilientes. A colaboração entre diferentes setores e disciplinas é essencial para abordar os problemas complexos que se apresentam na intersecção de nutrição, agricultura e mudanças climáticas. Isso inclui a colaboração entre cientistas, agricultores, profissionais de saúde, educadores e políticos. O compartilhamento de conhecimento e experiências entre esses diferentes setores pode levar a soluções mais inovadoras e eficazes.

São fundamentais, políticas públicas que promovam a agricultura sustentável e protejam os recursos naturais, incentivando a produção e o consumo de alimentos nutritivos, minimizando assim as emissões de gases de efeito estufa. Políticas que visem a redução da pobreza e melhoria da educação podem ter um impacto significativo na capacidade das comunidades de se adaptarem às mudanças climáticas e de adotarem práticas alimentares saudáveis. Outro fator chave é o investimento em pesquisa e desenvolvimento. A pesquisa pode oferecer novas soluções para os desafios enfrentados pela agricultura sob condições climáticas alteradas e pode ajudar a melhorar o entendimento dos impactos das mudanças climáticas na nutrição. Isso pode incluir o desenvolvimento de culturas mais resistentes ao estresse climático, a investigação dos efeitos das mudanças climáticas na segurança e na composição nutricional dos alimentos e o desenvolvimento de tecnologias para aumentar a eficiência dos sistemas de produção de alimentos.

Por fim, a importância do engajamento e da ação

coletiva não pode ser subestimada. A participação ativa das comunidades, a mobilização social em torno de práticas alimentares sustentáveis e o apoio a políticas que promovam a sustentabilidade ambiental e a segurança alimentar são vitais. Ações coletivas, desde o nível local até o global, são necessárias para criar mudanças significativas nos sistemas alimentares e para enfrentar os impactos das mudanças climáticas na agricultura e na nutrição.

Em conclusão, enfrentar os desafios interligados de nutrição, agricultura e mudanças climáticas requer uma abordagem multidimensional que envolva educação, colaboração interdisciplinar, políticas públicas eficazes, pesquisa inovadora e ação coletiva. Somente através de esforços coordenados e integrados será possível garantir a segurança alimentar, promover uma nutrição saudável e sustentável e mitigar os impactos das mudanças climáticas.

CAPÍTULO 13: MUDANÇAS CLIMÁTICAS E ÁGUA

As mudanças climáticas, fenômeno global caracterizado por alterações significativas nos padrões climáticos de longo prazo, exercem uma influência direta e profunda sobre os recursos hídricos do planeta. A compreensão deste impacto requer uma análise minuciosa das interações entre as mudanças climáticas e o ciclo hidrológico, abordando aspectos como variações nas precipitações, evaporação, infiltração e escoamento superficial.

Um dos efeitos mais palpáveis das mudanças climáticas sobre os recursos hídricos é a alteração nos padrões de precipitação. Regiões anteriormente caracterizadas por chuvas regulares e previsíveis estão agora experimentando períodos de seca prolongados, enquanto outras áreas enfrentam eventos de precipitação extrema. Essa irregularidade não apenas desafia a gestão sustentável da água, mas também afeta a qualidade deste recurso vital. Por exemplo, períodos de seca intensificam a concentração de poluentes em corpos d'água, ao passo que chuvas torrenciais podem levar à contaminação de fontes de água por escoamento superficial.

Ademais, o aumento da temperatura global, aspecto central das mudanças climáticas, contribui para a intensificação do ciclo hidrológico. O aquecimento atmosférico aumenta a taxa de evaporação da água dos oceanos, lagos e rios, bem como da umidade do solo, afetando negativamente a disponibilidade de água doce. Em contrapartida, o vapor d'água adicional na atmosfera pode levar a chuvas mais intensas, criando um ciclo de extremos hidrológicos.

Outro fator relevante é o derretimento das geleiras, resultante do aumento das temperaturas globais. Esse fenômeno não apenas contribui para a elevação do nível dos mares, mas também afeta o fluxo de rios alimentados por geleiras, essenciais para o abastecimento de água em diversas regiões do mundo. A diminuição gradual do volume de água desses rios ao longo do tempo representa uma ameaça significativa para a segurança hídrica de grandes populações.

A contaminação da água é outro aspecto crítico relacionado às mudanças climáticas. Eventos climáticos extremos, como inundações e furacões, podem resultar na liberação de substâncias tóxicas e patógenos para o meio ambiente, comprometendo a qualidade da água. O aumento da temperatura da água pode favorecer a proliferação de algas nocivas e microrganismos patogênicos, colocando em risco a saúde pública e os ecossistemas aquáticos.

A partir de uma perspectiva histórica, observa-se que as mudanças climáticas têm sido uma constante ao longo da história da Terra, mas a velocidade e a magnitude das mudanças atuais, impulsionadas em grande parte pela atividade humana, são sem precedentes. Exemplos históricos de variações climáticas, como o Período Quente Medieval ou a Pequena Idade do Gelo, demonstram a capacidade natural do clima em se alterar. Contudo, a atual trajetória de mudanças climáticas é distinta, tanto em escala quanto em impacto, principalmente no que tange à gestão dos recursos hídricos.

A necessidade de adaptação às mudanças climáticas no contexto da gestão hídrica implica na implementação de estratégias robustas e inovadoras. Uma dessas estratégias envolve a otimização do uso da água através de tecnologias de irrigação mais eficientes, práticas de reciclagem de água e sistemas de captação de água da chuva. Estas abordagens não só diminuem a pressão sobre os recursos hídricos naturais, mas também aumentam a resiliência das comunidades frente a períodos de escassez hídrica. É essencial o fortalecimento dos sistemas de monitoramento e previsão hidrológica. Através de redes avançadas de sensores e modelos computacionais sofisticados, é possível prever com maior precisão eventos hidrológicos extremos, como inundações e secas, permitindo ações preventivas e redução dos impactos adversos sobre as populações e ecossistemas.

No âmbito da qualidade da água, a implementação de sistemas de tratamento e purificação mais eficazes, assim como a utilização de tecnologias avançadas para a remoção de contaminantes, incluindo patógenos e produtos químicos tóxicos, é fundamental para garantir a segurança da água para consumo humano e para a preservação da biodiversidade aquática.

Do ponto de vista histórico, é possível observar que as civilizações antigas já enfrentavam desafios relacionados à água, embora em contextos diferentes das mudanças climáticas atuais. Por exemplo, o Império Romano desenvolveu extensos sistemas de aquedutos para garantir o abastecimento de água para suas cidades. Esses exemplos históricos destacam a importância vital da água para as sociedades e a necessidade constante de inovação e adaptação para garantir seu fornecimento e qualidade.

Adicionalmente, a educação e a conscientização pública são componentes essenciais na gestão dos recursos hídricos no contexto das mudanças climáticas. Incentivar práticas de consumo responsável de água e disseminar conhecimento sobre a importância da conservação dos recursos hídricos são passos importantes para envolver a sociedade na solução destes desafios. É imperativo o estabelecimento de políticas públicas integradas e colaborativas em escala global. A gestão dos recursos hídricos frente às mudanças climáticas é um problema que transcende fronteiras nacionais, requerendo esforços coordenados e cooperação internacional. Ações conjuntas entre países, abrangendo compartilhamento de conhecimento, tecnologia e recursos, são fundamentais para uma resposta eficaz aos desafios impostos pelas mudanças climáticas sobre os recursos hídricos.

Além das estratégias já mencionadas, a restauração e a preservação de ecossistemas naturais desempenham são um fator crucial na mitigação dos impactos das mudanças climáticas sobre os recursos hídricos. Ecossistemas saudáveis, como florestas, pântanos e manguezais, são essenciais para a regulação do ciclo hidrológico. Eles atuam na filtragem e purificação da água, na prevenção de erosão e na manutenção da biodiversidade, que são vitais para a resiliência dos habitats aquáticos e terrestres. A restauração de bacias hidrográficas e a proteção de áreas de recarga aquática também são fundamentais. Estas áreas funcionam como esponjas naturais, absorvendo e armazenando água durante períodos de chuva e liberando-a gradualmente em períodos de estiagem. Assim, a conservação dessas áreas ajuda a manter o fluxo regular dos rios e a estabilidade dos lençóis freáticos, contribuindo significativamente para a segurança hídrica.

A gestão integrada de recursos hídricos é outro aspecto essencial. Esta abordagem envolve a consideração de todos os aspectos relacionados à água - superficiais e subterrâneos - e seu uso em diversos setores, como agricultura, indústria e abastecimento doméstico, de maneira holística e sustentável. A gestão integrada permite identificar e solucionar conflitos de uso, otimizando o uso da água e reduzindo desperdícios.

Olhando para o futuro, novas tecnologias como dessalinização, nanofiltração e biotecnologias aplicadas ao tratamento de água, podem oferecer soluções para aumentar a disponibilidade e melhorar a qualidade da água. No entanto, é importante salientar que tais tecnologias sejam acessíveis e adaptáveis a diferentes contextos socioeconômicos e ambientais.

Uma abordagem interdisciplinar é um aspecto fundamental no enfrentamento das mudanças climáticas. A complexidade dos problemas requer a colaboração entre cientistas, engenheiros, urbanistas, sociólogos, economistas e outros profissionais, além da participação ativa das comunidades locais. Essa colaboração multidisciplinar é essencial para desenvolver soluções inovadoras e eficazes que atendam às necessidades específicas de cada região.

Reconhecer a variabilidade regional das mudanças climáticas e seus impactos sobre os recursos hídricos. Diferentes regiões do mundo enfrentarão desafios distintos, dependendo de suas características geográficas, climáticas, socioeconômicas e culturais. Por exemplo, áreas áridas e semiáridas, já vulneráveis à escassez de água, podem sofrer intensamente com o aumento das temperaturas e a diminuição das precipitações. Por outro lado, regiões de clima temperado podem experimentar um aumento na frequência e intensidade de eventos de chuvas intensas, levando a enchentes e outros problemas relacionados.

Diante disso, a adaptabilidade local é fundamental. Políticas e ações devem ser customizadas para atender às necessidades específicas de cada região, levando em conta não apenas os aspectos ambientais, mas também os sociais, econômicos e culturais. A participação e o envolvimento das comunidades locais nas decisões relativas à gestão dos recursos hídricos são essenciais para garantir que as soluções sejam eficazes e sustentáveis.

A pesquisa científica, na compreensão dos impactos das mudanças climáticas sobre os recursos hídricos, com estudos interdisciplinares que integram climatologia, hidrologia, ecologia, ciências sociais, entre outras, são fundamentais para fornecer uma compreensão detalhada desses impactos e para desenvolver modelos preditivos mais precisos. Esses modelos são ferramentas valiosas para planejar e implementar estratégias de gestão da água, permitindo antecipar problemas e desenvolver respostas proativas. A cooperação internacional é essencial, uma vez que as bacias hidrográficas frequentemente cruzam fronteiras nacionais. A gestão compartilhada dos recursos hídricos transfronteiriços requer acordos e políticas que promovam uma gestão sustentável e equitativa da água, considerando as necessidades e os direitos de todos os países envolvidos. Organizações internacionais são fundamentais na facilitação desses acordos e no fornecimento de assistência técnica e financeira. Em um contexto histórico mais amplo, as respostas às mudanças climáticas e seus impactos sobre a água podem ser vistas como parte de um processo evolutivo contínuo da humanidade em sua interação com o meio ambiente. Assim como nossos antepassados se adaptaram a mudanças ambientais e desenvolveram tecnologias e práticas para gerenciar os recursos hídricos, as gerações atuais estão diante do desafio de desenvolver novas soluções para enfrentar as ameaças impostas pelas mudanças climáticas.

Delineando o caminho a seguir, é imperativo abordar o tema e recursos hídricos com uma perspectiva de longo prazo. As soluções implementadas devem ser sustentáveis não apenas do ponto de vista ambiental, mas também econômico e social. Isso envolve investimentos em infraestrutura, pesquisa e desenvolvimento, bem como a implementação de políticas que promovam práticas sustentáveis e a conservação dos recursos hídricos.

Um aspecto fundamental nesse processo é a transição para uma economia de baixo carbono. Reduzir as emissões de gases de efeito estufa é vital para mitigar as mudanças climáticas e seus impactos sobre os recursos hídricos. Isso inclui a promoção de fontes de energia renováveis, eficiência energética e práticas sustentáveis na agricultura, na indústria e no transporte. Reconhecer e abordar as questões de equidade e justiça ambiental é tarefa muito importante. As mudanças climáticas afetam de maneira desproporcional as comunidades mais pobres e vulneráveis, que muitas vezes têm menos capacidade para se adaptar e responder aos impactos. Políticas e ações devem ser direcionadas para garantir que essas comunidades tenham acesso aos recursos e apoio necessários para enfrentar os desafios das mudanças climáticas.

Em um contexto histórico, a luta da humanidade pela gestão eficiente dos recursos hídricos remonta a civilizações antigas, que desenvolveram sistemas complexos de irrigação e armazenamento de água. Hoje, enfrentamos desafios semelhantes, mas amplificados pelas mudanças climáticas e pelo crescimento populacional. Aprender com o passado e adaptar essas lições ao contexto atual é indispensável para desenvolver soluções eficazes e sustentáveis. A inovação e a colaboração internacional são chaves para enfrentar os desafios impostos pelas mudanças climáticas aos recursos hídricos. A partilha de conhecimentos, tecnologias e práticas entre países e regiões pode acelerar o desenvolvimento de soluções e aumentar a resiliência global. A cooperação internacional é essencial não apenas para a gestão eficaz da água, mas também como parte de um esforço global mais amplo para combater as mudanças climáticas e promover o desenvolvimento sustentável.

À medida que avançamos na compreensão e no enfrentamento dos desafios impostos pelas mudanças climáticas aos recursos hídricos, torna-se cada vez mais evidente a importância da abordagem baseada em ecossistemas. Essa abordagem reconhece os ecossistemas como elementos fundamentais na regulação do ciclo da água e na mitigação dos impactos das mudanças climáticas. A conservação e restauração de ecossistemas, como florestas, pântanos e manguezais, não só ajudam na regulação do clima, mas também na manutenção da qualidade da água e na prevenção de desastres naturais, como inundações e deslizamentos de terra. O envolvimento e a capacitação das comunidades locais na gestão dos recursos hídricos são essenciais. A gestão participativa garante que as decisões sobre o uso da água considerem as necessidades, conhecimentos e experiências das comunidades afetadas. Este envolvimento promove a sustentabilidade das soluções adotadas e fortalece a resiliência das comunidades frente às mudanças climáticas.

A implementação de soluções baseadas na natureza, como a criação de áreas verdes urbanas, zonas de infiltração de água e sistemas de biofiltração, representa uma estratégia eficaz e sustentável para a gestão da água em áreas urbanas. Estas soluções não apenas melhoram a qualidade da água e reduzem o risco de inundações, mas também contribuem para a criação de espaços urbanos mais saudáveis e agradáveis.

A análise retrospectiva de eventos climáticos e hidrológicos extremos fornece visões para o planejamento e a gestão futura. Estudar como diferentes sociedades lidaram com eventos extremos no passado pode oferecer lições importantes sobre resiliência e adaptação. Por exemplo, a forma como as comunidades tradicionais gerenciavam a água em períodos de escassez pode inspirar soluções modernas para a gestão sustentável da água.

A integração da gestão dos recursos hídricos com outras políticas ambientais e de desenvolvimento é igualmente importante. A água está intrinsecamente ligada a questões como segurança alimentar, saúde, energia e biodiversidade. Uma abordagem integrada, que considere todas essas interconexões, é essencial para alcançar um desenvolvimento sustentável e resiliente frente às mudanças climáticas.

Por fim, o financiamento adequado e o apoio político são fundamentais para implementar efetivamente todas essas estratégias. Isso inclui não apenas investimentos em infraestrutura e tecnologia, mas também em pesquisa, educação e capacitação. A mobilização de recursos financeiros, tanto de fontes públicas quanto privadas, é importante para apoiar ações de adaptação e mitigação das mudanças climáticas no setor hídrico. Enfrentar este desafio requer uma abordagem holística, integrada e adaptativa, que combine conhecimento científico, inovação tecnológica, políticas eficazes e a participação ativa das comunidades. O caminho a seguir é complexo, mas essencial para garantir a segurança hídrica e a sustentabilidade do nosso planeta para as atuais e futuras gerações. A água é um recurso vital, e a sua gestão cuidadosa e responsável é um dos pilares para a construção de um futuro resiliente e sustentável diante das mudanças climáticas.

CAPÍTULO 14: MIGRAÇÃO, CONFLITOS E CLIMA

A interação entre mudanças climáticas, migração e conflitos é uma complexa teia de causas e efeitos que se estende por diversas disciplinas e esferas da vida humana e ambiental. As mudanças climáticas atuam como um multiplicador de ameaças, exacerbando vulnerabilidades existentes, limitando recursos naturais essenciais e atuando como catalisador para a migração e conflitos. Este fenômeno não é uma conjectura futurista, mas uma realidade palpável, já evidenciada por pesquisas e dados empíricos.

Inicialmente, é essencial compreender como as mudanças climáticas afetam diretamente o meio ambiente e, consequentemente, a vida humana. O aquecimento global, a alteração nos padrões de chuva, eventos climáticos extremos e a elevação do nível do mar são algumas das manifestações dessas mudanças. Esses fenômenos têm impactos diretos sobre a agricultura, a segurança alimentar, o acesso à água e a habitabilidade de certas regiões. Por exemplo, a desertificação de áreas anteriormente férteis pode devastar a economia local baseada na agricultura, forçando as populações a buscar novas áreas para viver e trabalhar. Da mesma forma, o aumento do nível do mar pode tornar áreas costeiras densamente povoadas inabitáveis, impulsionando grandes deslocamentos populacionais.

A migração induzida pelas mudanças climáticas é um fenômeno crescente e preocupante. Indivíduos e comunidades que veem seus meios de subsistência ameaçados por condições climáticas adversas muitas vezes se veem sem outra opção senão migrar em busca de condições de vida mais favoráveis.

Esses movimentos populacionais podem ser internos, dentro de um mesmo país, ou transfronteiriços, afetando várias nações e regiões. As migrações climáticas apresentam desafios significativos, não apenas para os migrantes, mas também para as comunidades receptoras, que podem não estar preparadas para receber um grande número de pessoas, resultando em tensões sociais, econômicas e políticas.

Os conflitos relacionados às mudanças climáticas muitas vezes surgem devido à competição por recursos naturais escassos. A água e a terra fértil são recursos críticos que podem se tornar cada vez mais raros em certas regiões devido às mudanças climáticas. Quando grupos diferentes competem por esses recursos limitados, o potencial para conflitos aumenta. Esses conflitos podem assumir diversas formas, desde tensões locais até conflitos armados e guerra civil. As migrações climáticas podem exacerbar conflitos existentes em áreas receptoras, onde a chegada de um grande número de pessoas pode sobrecarregar a infraestrutura local e aumentar a competição por empregos, habitação e serviços.

A dinâmica de migração e conflitos induzidos pelas mudanças climáticas é também influenciada por fatores políticos, econômicos e sociais. Políticas inadequadas de gestão de recursos, falta de direitos de propriedade claros, desigualdades sociais e econômicas e governança fraca podem agravar os impactos das mudanças climáticas e aumentar a vulnerabilidade das populações. Por outro lado, políticas eficazes, sistemas de governança robustos e cooperação internacional podem ajudar a mitigar os impactos das mudanças climáticas, facilitar a adaptação e reduzir o potencial de migração forçada e conflitos.

Os estudos de caso históricos oferecem intuições sobre a relação entre clima, migração e conflitos. A história está repleta de exemplos de sociedades que enfrentaram desafios climáticos e cujas respostas a esses desafios moldaram o curso de sua evolução cultural, social e política. Ao estudar esses casos, podemos aprender lições importantes sobre como as sociedades podem se adaptar a condições climáticas adversas, gerenciar recursos de forma eficaz e prevenir conflitos.

É evidente que as mudanças climáticas são uma força poderosa que molda o padrão de migração humana e o cenário de conflitos em todo o mundo. A compreensão e a abordagem desses desafios exigem uma análise cuidadosa e uma ação coordenada em múltiplos níveis, incluindo pesquisa científica, planejamento estratégico, políticas públicas e cooperação internacional. As decisões tomadas hoje terão um impacto profundo nas gerações futuras, tornando imperativo que abordemos a intersecção complexa entre mudanças climáticas, migração e conflitos com o rigor, a compaixão e a visão necessários para um futuro sustentável. Para abordar eficazmente as interações entre migração, conflitos e mudanças climáticas, é essencial adotar um enfoque multidisciplinar que envolva a colaboração entre cientistas do clima, sociólogos, economistas, especialistas em migração e formuladores de políticas. Esta abordagem integrada pode fornecer uma compreensão mais profunda e matizada das causas e consequências das migrações induzidas pelo clima e dos conflitos relacionados, bem como das estratégias eficazes para mitigar esses desafios e facilitar a adaptação.

Uma das primeiras etapas na abordagem desses desafios é o desenvolvimento e a implementação de sistemas de monitoramento e previsão que possam identificar regiões em risco de condições climáticas extremas e seus potenciais impactos sobre as populações. Tais sistemas podem ajudar a prever movimentos migratórios e preparar tanto as comunidades de origem quanto as de destino para as pressões que acompanham a migração em massa. A tecnologia moderna, como sensoriamento remoto, big data e inteligência artificial, oferece ferramentas valiosas para o monitoramento e a análise de padrões climáticos e migração.

Outro aspecto é a criação de políticas que não apenas respondam às migrações climáticas, mas também busquem preveni-las ou mitigá-las. Isso pode incluir investimentos em desenvolvimento sustentável para aumentar a resiliência das comunidades vulneráveis, melhorando assim sua capacidade de se adaptar a mudanças ambientais sem serem forçadas a migrar. Da mesma forma, políticas que visam a redução de emissões de gases de efeito estufa e a promoção de um desenvolvimento econômico mais verde podem ajudar a diminuir a severidade das mudanças climáticas futuras e seus impactos na migração e conflitos.

A gestão e resolução de conflitos também são fundamentais nesse contexto. A comunidade internacional, juntamente com governos locais e regionais, deve trabalhar para resolver disputas sobre recursos, garantir direitos de propriedade e acesso a recursos, e mediar tensões entre comunidades de origem e de destino. A promoção da paz e da estabilidade é essencial para permitir que as comunidades se adaptem de maneira eficaz às mudanças climáticas e gerenciem a migração de forma pacífica e ordenada. É vital apoiar as comunidades migrantes, garantindo que seus direitos sejam protegidos e que tenham acesso a serviços básicos, oportunidades de emprego e integração social nas comunidades receptoras. A integração bem-sucedida pode reduzir as tensões sociais e econômicas e promover a coesão comunitária, diminuindo assim o potencial de conflitos.

As lições históricas sobre migração e conflitos em contextos de mudanças climáticas ou desafios ambientais fornecem exemplos valiosos de resiliência e adaptação, mas também alertam para os riscos de inação ou respostas inadequadas. Por exemplo, migrações em massa e conflitos decorrentes de períodos de seca ou inundações foram documentados ao longo da história, oferecendo compreensões sobre as dinâmicas sociais, econômicas e políticas em jogo, bem como as estratégias que foram eficazes ou ineficazes naquela época.

É necessário um compromisso contínuo e cooperativo da comunidade internacional para enfrentar as causas fundamentais das mudanças climáticas, apoiar a adaptação e mitigação em regiões vulneráveis, e gerir de forma eficaz e humanitária os movimentos migratórios. A solidariedade global, a partilha de conhecimentos e recursos, e a implementação de acordos internacionais, como o Acordo de Paris, são vitais para uma abordagem coordenada e eficaz.

Ao abordar a complexa interação entre mudanças climáticas, migração e conflitos, a humanidade tem a oportunidade não apenas de mitigar os impactos negativos, mas também de promover um futuro mais justo, sustentável e resiliente. Isso exige uma visão de longo prazo, uma abordagem holística e a vontade política e social para implementar mudanças significativas. As ações tomadas hoje determinarão a capacidade das futuras gerações de viver em um mundo que ainda é reconhecível e seguro para a diversidade da vida humana e natural.

Diante da complexidade das migrações induzidas pelas mudanças climáticas e dos conflitos relacionados, é imperativo que as estratégias adotadas sejam flexíveis e adaptáveis às circunstâncias em constante mudança. Isso implica uma contínua avaliação e atualização das políticas, práticas e programas, assegurando que eles sejam responsivos às novas informações científicas, mudanças socioeconômicas e dinâmicas ambientais. A adaptabilidade é especialmente crítica em um contexto onde o clima está mudando rapidamente e o futuro é incerto. As estratégias de adaptação e mitigação devem ser contextualizadas e culturalmente sensíveis. O reconhecimento das especificidades locais, incluindo os conhecimentos tradicionais e as práticas de gestão de recursos, é fundamental para o sucesso de qualquer intervenção. As comunidades locais possuem um conhecimento valioso sobre o seu ambiente e têm sido adaptativas às mudanças ambientais por gerações. Integrar esse conhecimento com a ciência moderna pode levar a abordagens mais robustas e sustentáveis.

A educação e sua função vital nos processos de sensibilização não pode ser subestimado. Informar as populações sobre os impactos das mudanças climáticas, os direitos dos migrantes e as maneiras de reduzir os conflitos pode empoderar indivíduos e comunidades a participarem ativamente na criação de soluções. A educação pode promover uma cultura de sustentabilidade e resiliência, preparando as novas gerações para enfrentar e resolver os desafios que as mudanças climáticas trazem.

No contexto internacional, a governança das migrações climáticas exige uma coordenação efetiva entre países e regiões. As migrações climáticas frequentemente atravessam fronteiras, tornando-as uma questão de política externa e cooperação internacional. A criação de marcos legais e políticos para proteger os direitos dos migrantes climáticos, facilitar sua migração segura e ordenada e assegurar sua digna integração nas comunidades receptoras é fundamental. Esforços devem ser direcionados para resolver as causas profundas dos conflitos relacionados aos recursos, muitas vezes exacerbados pelas mudanças climáticas.

A colaboração científica também é uma chave para entender e responder melhor aos desafios apresentados pelas mudanças climáticas, migrações e conflitos. Pesquisadores de várias disciplinas devem trabalhar juntos para modelar cenários futuros, desenvolver soluções inovadoras e avaliar a eficácia das políticas e intervenções. A ciência tem o poder de informar as políticas públicas, orientar a tomada de decisões e oferecer soluções práticas e sustentáveis.

O envolvimento do setor privado, organizações não governamentais, grupos de advocacia e comunidades locais é igualmente importante. A colaboração entre diferentes setores pode levar a abordagens mais inovadoras e eficientes, aproveitando os recursos, conhecimentos e redes de cada um. O financiamento e o apoio de organizações internacionais e instituições financeiras podem facilitar a implementação de projetos de grande escala e longo prazo, essenciais para a adaptação e mitigação das mudanças climáticas.

É essencial manter a esperança e a determinação. Os desafios são imensos, mas a capacidade humana de inovação, cooperação e resiliência é notável. Há inúmeros exemplos de comunidades que se adaptaram com sucesso a condições ambientais adversas, de políticas que mitigaram conflitos e promoveram a paz, e de avanços científicos que abriram novos caminhos para a sustentabilidade. Ao enfrentar as interações entre mudanças climáticas, migração e conflitos, devemos nos inspirar nesses sucessos e trabalhar juntos para construir um futuro mais seguro e sustentável para todos. A ação coletiva, informada pela ciência, guiada pela ética e sustentada pela cooperação, é a nossa melhor esperança para superar os desafios que enfrentamos e garantir um futuro resiliente para as gerações futuras.

À medida que avançamos na compreensão e na resposta aos desafios interligados de migração, conflitos e mudanças climáticas, é urgente que se abrace uma visão de futuro que reconheça a interdependência global e a necessidade de soluções sustentáveis e equitativas. A natureza transnacional desses desafios exige uma resposta igualmente transnacional, caracterizada por solidariedade, partilha de responsabilidades e ação coletiva.

A resiliência climática deve ser incorporada em todos os níveis de planejamento e desenvolvimento. Isso significa construir infraestruturas que possam resistir a eventos climáticos extremos, desenvolver sistemas agrícolas que sejam tanto produtivos quanto sustentáveis em face das mudanças climáticas, e projetar cidades que protejam e sustentem a vida humana. Ao mesmo tempo, é essencial garantir que essas estratégias sejam inclusivas e justas, proporcionando proteção e oportunidades para todos, especialmente para aqueles mais vulneráveis aos impactos das mudanças climáticas.

A diplomacia e a cooperação internacional devem ser fortalecidas para gerenciar os movimentos transfronteiriços de migrantes climáticos. Isso pode envolver a criação de novos frameworks legais, ou a adaptação dos existentes, para reconhecer e proteger os direitos dos migrantes climáticos. Os países devem trabalhar juntos para compartilhar cargas e benefícios de maneira justa, garantindo que nenhum país seja sobrecarregado pelas migrações climáticas, enquanto outros se beneficiam de sua posição ou recursos.

As organizações internacionais, como as Nações Unidas e suas agências especializadas, têm uma função crítica a desempenhar, facilitando o diálogo, oferecendo apoio técnico e financeiro, e coordenando ações entre países e regiões. Elas podem ajudar a garantir que a governança global das mudanças climáticas, migração e conflitos seja conduzida de forma justa e eficaz, e que as vozes e necessidades de todos os países e comunidades sejam ouvidas e atendidas.

A inovação continua sendo uma ferramenta vital nesta luta. Isso inclui não apenas avanços tecnológicos, mas também inovações em políticas públicas, estratégias de financiamento, educação e engajamento comunitário. As soluções devem ser adaptáveis e baseadas em evidências, aproveitando o melhor da ciência e da tecnologia, ao mesmo tempo que são informadas pelas realidades locais e pelos conhecimentos tradicionais.

Por fim, é fundamental que mantenhamos um diálogo aberto e inclusivo sobre esses desafios. A migração, os conflitos e as mudanças climáticas são temas carregados de complexidade emocional, política e social. Discutir essas questões de forma aberta e respeitosa, envolvendo todas as partes interessadas - incluindo as comunidades afetadas, a sociedade civil, o setor privado e governos de todos os níveis - para encontrar soluções duradouras e justas.

A jornada à frente é sem dúvida desafiadora, mas também cheia de oportunidades para o crescimento, inovação e colaboração. Ao enfrentarmos os desafios interconectados de migração, conflitos e mudanças climáticas, podemos também construir um mundo mais justo, resiliente e sustentável. O sucesso nesta empreitada exigirá coragem, criatividade e compromisso de todos os setores da sociedade. Juntos, podemos enfrentar esses desafios globais e pavimentar o caminho para um futuro onde a humanidade e o planeta prosperem em harmonia.

CAPÍTULO 15: ECONOMIA DA SAÚDE E CLIMA

A intersecção entre mudanças climáticas e saúde humana é uma área de crescente preocupação e estudo, com implicações diretas e abrangentes para a economia global. As mudanças climáticas afetam a saúde das populações de várias maneiras, incluindo aumento de doenças transmitidas por vetores, insegurança alimentar, problemas respiratórios devido à poluição do ar, e estresses psicológicos e físicos relacionados a eventos climáticos extremos. A análise econômica desses impactos fornece uma visão crítica sobre os custos associados à saúde que advêm das mudanças climáticas e os benefícios potenciais de ações mitigadoras e adaptativas.

Primeiramente, é fundamental entender que as mudanças climáticas têm o potencial de alterar os padrões de morbidade e mortalidade. Por exemplo, o aumento das temperaturas globais pode expandir o alcance geográfico de vetores de doenças como mosquitos, levando a um aumento na incidência de doenças como malária e dengue em novas regiões. Da mesma forma, ondas de calor extremas estão associadas a um aumento nas mortes relacionadas ao calor, especialmente entre os idosos e outros grupos vulneráveis. Os impactos diretos e indiretos dessas mudanças na saúde pública têm custos econômicos significativos, incluindo aumento dos gastos com saúde, perda de produtividade e, em casos extremos, perda de vidas humanas.

Além do mais, a qualidade do ar é diretamente afetada pelas mudanças climáticas. A poluição do ar, exacerbada por ondas de calor e incêndios florestais, pode levar a um aumento em doenças respiratórias como asma e bronquite, além de doenças cardiovasculares. As despesas com tratamentos médicos, hospitalizações e medicamentos para essas condições representam um ônus substancial para os sistemas de saúde e para a economia como um todo.

A insegurança alimentar é outra consequência grave das mudanças climáticas, afetando a nutrição e a saúde geral das populações. Alterações nos padrões de precipitação e aumento de eventos extremos como secas e inundações podem reduzir a produção agrícola, aumentar os preços dos alimentos e levar à malnutrição. Isso não só afeta a saúde física, mas também pode ter impactos de longo prazo no desenvolvimento cognitivo das crianças, na produtividade dos adultos e, consequentemente, no potencial econômico das nações.

Os eventos climáticos extremos, como furacões, inundações e secas, além de causarem danos diretos à infraestrutura e à economia, também têm impactos significativos na saúde mental das populações afetadas. O trauma, o estresse e a perda associados a esses eventos podem levar a um aumento na incidência de problemas de saúde mental, como ansiedade, depressão e transtorno de estresse pós-traumático. Os custos associados ao tratamento dessas condições, bem como a perda de produtividade relacionada, são consideráveis.

A análise econômica dos impactos das mudanças climáticas na saúde envolve não apenas a contabilização dos custos diretos e indiretos associados, mas também a avaliação dos benefícios de ações preventivas e adaptativas. Investimentos em sistemas de saúde resilientes, infraestrutura que possa resistir a eventos extremos, pesquisa e desenvolvimento em saúde pública, e políticas que promovam a mitigação das mudanças climáticas podem reduzir significativamente os custos de saúde a longo prazo.

Além do mais, a implementação de políticas de saúde pública que considerem os impactos das mudanças climáticas pode levar a benefícios econômicos substanciais. Por exemplo, políticas que reduzam a poluição do ar não só melhorarão a saúde respiratória e cardiovascular, mas também podem aumentar a produtividade dos trabalhadores e reduzir as despesas com saúde. Da mesma forma, estratégias de adaptação que promovam dietas saudáveis e sustentáveis e melhorem a segurança alimentar podem ter impactos positivos tanto na saúde quanto na economia.

Assim, a incorporação dos custos de saúde nas análises econômicas das mudanças climáticas é decisivo para uma compreensão completa dos impactos globais desse fenômeno. Ao considerar os custos econômicos associados à saúde e os benefícios das intervenções, os formuladores de políticas podem tomar decisões mais informadas e eficazes para proteger a saúde e o bem-estar das populações, ao mesmo tempo em que promovem um desenvolvimento sustentável e resiliente frente às mudanças climáticas. A abordagem para enfrentar essa complexa interação entre clima e saúde requer uma perspectiva holística, interdisciplinar e proativa, assegurando que as estratégias econômicas e de saúde pública estejam alinhadas com os objetivos de mitigação e adaptação às mudanças climáticas.

Na busca por uma compreensão integrada dos impactos econômicos das mudanças climáticas na saúde, é essencial considerar os diferentes níveis em que esses efeitos se manifestam, desde o individual até o global. A exposição a condições climáticas adversas não afeta todas as populações igualmente; grupos vulneráveis, como crianças, idosos, e comunidades de baixa renda, são frequentemente os mais afetados. Isso levanta considerações importantes sobre equidade e justiça social na alocação de recursos e na implementação de políticas de saúde e climáticas.

Os sistemas de saúde enfrentam o desafio de se adaptar e responder de forma eficaz aos riscos climáticos crescentes. Isso implica em investimentos substanciais em infraestrutura, formação de profissionais de saúde e desenvolvimento de sistemas de vigilância e resposta a emergências. O fortalecimento dos sistemas de saúde não apenas melhora a capacidade de resposta a eventos climáticos extremos e surtos de doenças, mas também contribui para uma sociedade mais saudável e resiliente em geral.

A economia da saúde também deve levar em consideração o potencial de "co-benefícios" das políticas de mitigação e adaptação climática. Por exemplo, estratégias que visam reduzir as emissões de gases de efeito estufa, como a promoção de transportes públicos e não poluentes, não só diminuem a contribuição para as mudanças climáticas, mas também melhoram a qualidade do ar e reduzem as doenças respiratórias e cardiovasculares. Essa abordagem integrada maximiza os benefícios para a saúde e a economia, oferecendo soluções mais eficientes e custo-efetivas.

A análise econômica dos impactos das mudanças climáticas na saúde também deve considerar os custos e benefícios a longo prazo. Muitas das consequências para a saúde das mudanças climáticas têm efeitos duradouros que se estendem por décadas. As decisões tomadas hoje afetarão a saúde e a economia das gerações futuras, destacando a importância de uma perspectiva intergeracional na formulação de políticas. Investimentos em mitigação e adaptação, portanto, devem ser vistos não apenas como custos, mas como investimentos no futuro da saúde pública e no bem-estar econômico.

A colaboração internacional, para enfrentar eficazmente os desafios econômicos e de saúde das mudanças climática, é um problema que requer uma resposta uníssona. Essa cooperação internacional pode facilitar o compartilhamento de conhecimentos, recursos e tecnologias, ajudando a construir capacidade em países em desenvolvimento e promovendo estratégias de mitigação e adaptação eficazes em escala global.

No contexto da saúde global, é também vital reconhecer e responder aos desafios específicos enfrentados pelos países em desenvolvimento. Esses países frequentemente carecem dos recursos necessários para lidar com os impactos das mudanças climáticas na saúde, tornando-os particularmente vulneráveis. A assistência internacional, incluindo financiamento, transferência de tecnologia e capacitação, é essencial para apoiar essas nações na construção de sistemas de saúde resilientes e na implementação de estratégias eficazes de adaptação e mitigação.

A análise econômica dos impactos das mudanças climáticas na saúde é um campo complexo que exige uma abordagem multidisciplinar, envolvendo economistas, médicos, cientistas climáticos, formuladores de políticas e outros especialistas. Ao avaliar os custos e benefícios das diferentes estratégias de resposta, é importante considerar uma ampla gama de fatores, incluindo efeitos diretos e indiretos na saúde, implicações de longo prazo, equidade, co-benefícios e a necessidade de ação global coordenada. Somente através de uma compreensão abrangente e integrada desses aspectos será possível desenvolver políticas eficazes e sustentáveis que protejam a saúde e o bem-estar das populações frente às mudanças climáticas, ao mesmo tempo em que promovem uma economia global saudável e resiliente.

À medida que avançamos na análise econômica dos impactos das mudanças climáticas na saúde, é imperativo reconhecer a necessidade de uma abordagem proativa e preventiva. Prevenir os efeitos adversos das mudanças climáticas na saúde é mais custo-efetivo do que tratar as consequências. Isto implica em investir em pesquisa para entender melhor esses impactos, bem como em políticas e tecnologias que visem reduzir as emissões de gases de efeito estufa e aumentar a resiliência das comunidades e dos sistemas de saúde.

A prevenção também inclui o desenvolvimento de sistemas de alerta precoce para eventos climáticos extremos, melhorando a capacidade de resposta a desastres e emergências de saúde. Isso pode minimizar os danos à saúde e à infraestrutura e reduzir o ônus econômico associado a esses eventos. Da mesma forma, investir em educação e conscientização sobre os riscos das mudanças climáticas pode empoderar indivíduos e comunidades a tomar ações preventivas e adaptativas, contribuindo para uma sociedade mais saudável e resiliente.

Um dos grandes desafios na análise econômica dos impactos das mudanças climáticas na saúde é a incerteza inerente. As trajetórias futuras das mudanças climáticas e seus efeitos específicos na saúde dependem de uma variedade de fatores, incluindo ações de mitigação globais, avanços tecnológicos, políticas de saúde pública e mudanças socioeconômicas. Modelos econômicos e de saúde devem, portanto, ser capazes de incorporar essa incerteza e fornecer esclarecimentos sobre os riscos e as potenciais faixas de custos associados a diferentes cenários. A análise econômica deve levar em conta a distribuição desigual dos impactos das mudanças climáticas na saúde. Algumas regiões e grupos populacionais são mais vulneráveis e enfrentarão custos desproporcionais. Políticas e intervenções devem ser direcionadas para essas áreas e grupos, garantindo que os recursos sejam alocados de forma eficaz e justa, e que nenhuma população seja deixada para trás.

Intervenções baseadas em evidências são essenciais para informar políticas e práticas. Isso requer investimentos contínuos em pesquisa e desenvolvimento, assim como colaboração entre governos, academia, setor privado e comunidades. Compreender quais intervenções são mais eficazes em termos de custo e impacto pode ajudar a orientar a alocação de recursos limitados e garantir que as ações tomadas sejam as mais benéficas.

Por último, mas não menos importante, é fundamental considerar a saúde e a economia dentro do contexto mais amplo do desenvolvimento sustentável. As políticas de saúde e clima devem ser integradas com outras áreas, incluindo segurança alimentar, habitação, energia e transporte, para criar abordagens holísticas e sustentáveis. A análise econômica dos impactos das mudanças climáticas na saúde é uma área crítica que exige atenção imediata e ação coordenada. Compreender os custos associados e os benefícios das ações de mitigação e adaptação pode ajudar a moldar políticas eficazes e salvar vidas. Ao enfrentar esses desafios com rigor, criatividade e uma visão de longo prazo, podemos esperar não apenas minimizar os custos das mudanças climáticas para a saúde e a economia, mas também construir um futuro mais saudável e resiliente para todos.

É necessário refletir sobre as abordagens inovadoras que podem ser adotadas para mitigar esses impactos e promover uma transição para um sistema de saúde mais resiliente e sustentável. A inovação pode vir em várias formas, incluindo novas tecnologias, métodos de financiamento alternativos, políticas públicas reformuladas e uma mudança na mentalidade e comportamento das populações.

Uma das áreas-chave para a inovação é a tecnologia em saúde. Isso pode incluir o desenvolvimento de novas vacinas e tratamentos para doenças cuja prevalência está mudando devido ao clima, bem como sistemas de informação em saúde mais robustos que possam prever e responder a surtos de doenças com mais eficácia. Tecnologias de construção sustentável e eficiência energética podem melhorar a infraestrutura de saúde, tornando-a mais resiliente a eventos climáticos extremos e reduzindo sua pegada de carbono.

No aspecto financeiro, é capital explorar novos modelos de financiamento que possam sustentar investimentos em saúde e adaptação climática a longo prazo. Isso pode incluir a implementação de impostos sobre carbono, onde as receitas são reinvestidas em saúde pública, ou o desenvolvimento de seguros de saúde que levem em conta os riscos associados às mudanças climáticas. Parcerias público-privadas também podem ser uma ferramenta valiosa, alavancando recursos e inovação do setor privado para enfrentar desafios de saúde pública.

As políticas públicas desempenham uma função fundamental na moldagem da resposta à intersecção entre clima e saúde. Políticas que incentivem ou mandatem práticas de saúde pública sustentáveis e resilientes ao clima, bem como aquelas que integram considerações de saúde em todas as políticas climáticas, são vitais. Isso também inclui a reformulação de diretrizes urbanas e rurais para promover ambientes saudáveis, sustentáveis e adaptativos. Promover uma mudança cultural em direção a estilos de vida mais sustentáveis e conscientes sobre o clima pode ter um impacto significativo na saúde pública e nos custos associados. Educação e conscientização sobre como as ações individuais e coletivas afetam a saúde e o clima podem incentivar comportamentos que contribuam para a mitigação das mudanças climáticas e para uma população mais saudável.

Por fim, a colaboração e a coordenação em níveis múltiplos e entre diferentes setores são cruciais. Isso inclui não apenas a cooperação entre diferentes departamentos e níveis de governo, mas também entre países, organizações internacionais, a comunidade científica, o setor privado e a sociedade civil. A partilha de conhecimentos, experiências e recursos pode acelerar o progresso e levar a soluções mais eficazes e abrangentes.

Enquanto navegamos por este território complexo e desafiador, é essencial manter o foco no objetivo final: proteger e melhorar a saúde humana em um mundo em rápida mudança, ao mesmo tempo em que se trabalha em direção a um futuro mais sustentável e resiliente. A análise econômica dos impactos das mudanças climáticas na saúde oferece um caminho crítico para entender e abordar estes desafios, fornecendo visões que podem informar a política, guiar a alocação de recursos e inspirar inovação. Ao abordar essas questões com diligência, compromisso e criatividade, podemos esperar construir sistemas de saúde mais fortes e sociedades mais saudáveis, capazes de resistir e prosperar em face das mudanças climáticas.

CAPÍTULO 16: EDUCAÇÃO E CONSCIENTIZAÇÃO AMBIENTAL

Em um mundo cada vez mais afetado pelas mudanças climáticas, a educação emerge como uma ferramenta fundamental para fomentar a conscientização e preparar as gerações atuais e futuras para os desafios ambientais prementes. O papel da conscientização na construção de uma sociedade responsável climaticamente não pode ser subestimado. Por meio dela, indivíduos podem ser equipados com o conhecimento, as habilidades e a motivação necessários para participar ativamente da mitigação das mudanças climáticas e da adaptação a seus impactos. A educação sobre o clima abrange uma ampla gama de conhecimentos, incluindo a compreensão dos sistemas climáticos da Terra, o reconhecimento das atividades humanas que contribuem para as mudanças climáticas e a identificação de práticas e políticas que podem minimizar danos ambientais e promover a sustentabilidade. A educação ambiental encoraja uma reflexão crítica sobre os valores, atitudes e comportamentos que sustentam as interações da sociedade com o meio ambiente. Integrar a conscientização climática no currículo educacional desde o ensino fundamental até o superior pode cultivar uma compreensão profunda e duradoura dessas questões. Ao aprender sobre o meio ambiente, os alunos podem desenvolver uma apreciação pela natureza e um senso de corresponsabilidade para com a conservação e a sustentabilidade. Isso inclui a exploração de temas como biodiversidade, conservação de recursos, energias renováveis e ética ambiental.

Além do currículo formal, a educação informal e não formal são críticas. Mídias, museus, parques, clubes ambientais e outras plataformas oferecem oportunidades ricas para o aprendizado e engajamento com questões climáticas fora do ambiente escolar tradicional. Campanhas de conscientização, programas de educação comunitária e iniciativas de mídia podem alcançar um público amplo e diversificado, complementando e reforçando a educação formal.

Um aspecto essencial da educação para a conscientização climática é a capacitação para a ação. Isso envolve não apenas aprender sobre as mudanças climáticas, mas também adquirir as habilidades necessárias para contribuir com soluções. Isso pode incluir habilidades práticas, como jardinagem sustentável e conservação de energia, bem como habilidades de cidadania, como advocacia, pensamento crítico e tomada de decisão. A educação deve empoderar os indivíduos a tomar medidas informadas e positivas em suas próprias vidas, comunidades e esferas de influência.

A educação para a conscientização climática também deve ser inclusiva e acessível a todos. Isso significa adaptar materiais e métodos de ensino para atender a diferentes necessidades, contextos e culturas, garantindo que todos, independentemente de sua localização, antecedentes ou recursos, tenham a oportunidade de aprender sobre e contribuir para a luta contra as mudanças climáticas.

A colaboração internacional e o compartilhamento de recursos e melhores práticas são essenciais para maximizar o impacto da educação climática. Programas de intercâmbio, parcerias entre escolas e universidades, e plataformas online podem facilitar o compartilhamento de conhecimentos e experiências, enriquecendo a educação climática e promovendo uma compreensão global dos desafios ambientais.

A educação para a conscientização climática é um investimento no futuro. Ao educar as gerações presentes e futuras sobre as mudanças climáticas e envolvê-las na busca por soluções, podemos cultivar uma sociedade mais informada, responsável e resiliente. A educação é uma ferramenta poderosa para a transformação social e ambiental, essencial para enfrentar os desafios climáticos de hoje e garantir um planeta saudável e sustentável para as gerações futuras. É imperativo enfatizar a necessidade de estratégias pedagógicas inovadoras e interativas que possam engajar e inspirar alunos de todas as idades. A educação climática deve transcender a transmissão tradicional de conhecimento, promovendo experiências de aprendizado que sejam significativas, práticas e diretamente relacionadas aos desafios climáticos e ambientais contemporâneos.

Uma abordagem prática pode incluir projetos de ciência cidadã, onde os alunos participam da coleta de dados climáticos e ambientais, contribuindo para pesquisas reais enquanto aprendem sobre o clima. Da mesma forma, simulações e jogos educativos podem fornecer experiências imersivas que permitem aos alunos explorar os impactos das mudanças climáticas e as consequências de diferentes escolhas e políticas. Estas atividades não apenas enriquecem o conhecimento, mas também desenvolvem habilidades analíticas e de resolução de problemas.

Ao mesmo tempo, o envolvimento direto com a natureza, através de excursões, jardinagem escolar, e projetos de conservação, pode fomentar uma conexão pessoal e emocional com o meio ambiente. Aprender no e com o ambiente natural ajuda a fortalecer o apreço pela biodiversidade e a urgência em protegê-la. Tais experiências podem ser poderosos catalisadores para a mudança de comportamento e ação ambiental.

A formação de educadores é outro componente na efetivação da educação para a conscientização climática. Professores e educadores precisam estar equipados com o conhecimento e as ferramentas necessárias para ensinar sobre as mudanças climáticas de maneira eficaz e inspiradora. Isso inclui não só uma compreensão científica do clima e suas mudanças, mas também habilidades pedagógicas para abordar um assunto que pode ser complexo e emocionalmente carregado. Programas de desenvolvimento profissional, recursos educacionais e suporte da comunidade de educadores podem ajudar a preparar e empoderar os educadores para este importante trabalho.

A educação para a conscientização climática também deve ser adaptável e responsiva às mudanças rápidas no conhecimento científico e nas condições globais. Isso significa atualizar continuamente os currículos e materiais educacionais para refletir os mais recentes avanços científicos e as emergências climáticas. Deve haver uma ênfase na aprendizagem ao longo da vida, reconhecendo que a educação climática é um processo contínuo que se estende além da sala de aula e ao longo de toda a vida de um indivíduo.

A colaboração entre escolas, comunidades, organizações ambientais, empresas e governos é essencial para criar um ambiente educacional rico e suportivo. Parcerias podem proporcionar recursos adicionais, oportunidades de aprendizado e uma rede de apoio para alunos e educadores. Envolver a comunidade e os stakeholders locais pode garantir que a educação climática seja relevante e adaptada às necessidades e ao contexto local.

Cultivar a esperança e o otimismo na educação climática. Enquanto os desafios são reais e graves, é importante também apresentar histórias de sucesso, inovações e estratégias eficazes para a mitigação e adaptação às mudanças climáticas. A educação deve capacitar os alunos a se sentirem capazes de fazer a diferença, fornecendo-lhes as ferramentas para serem agentes de mudança em suas próprias vidas e nas comunidades.

A educação para a conscientização climática é, portanto, uma jornada dinâmica e diversa que requer compromisso, criatividade e colaboração. É uma peça central na luta contra as mudanças climáticas, preparando indivíduos não apenas para entender e enfrentar os desafios, mas também para serem participantes ativos na construção de um futuro sustentável. Por meio da educação, podemos inspirar uma nova geração de líderes, inovadores e cidadãos comprometidos, prontos para agir em prol do clima e do planeta.

À medida que avançamos em direção a um futuro incerto, caracterizado por desafios climáticos e ambientais sem precedentes, a educação e a conscientização ambiental permanecem como pilares fundamentais na mobilização de indivíduos e sociedades para uma ação efetiva. O caminho para uma maior conscientização climática e ação ambiental é complexo e requer uma abordagem ampla que envolva todos os setores da sociedade.

Para encerrar este capítulo, reafirmamos a necessidade vital de integrar a educação ambiental e climática em todos os níveis do ensino, e de fazê-lo de maneira que seja interativa, envolvente e profundamente relevante para os alunos de todas as idades. É necessário que as escolas, universidades e outras instituições educativas se tornem centros de inovação e ação climática, onde a sustentabilidade seja um princípio central, não apenas no currículo, mas em todas as práticas do dia-a-dia.

O fortalecimento da capacitação de educadores é essencial para garantir que possam guiar e inspirar os alunos de maneira eficaz. Investimentos em formação continuada, recursos didáticos e suporte institucional são cruciais para equipar os professores com as habilidades, conhecimentos e ferramentas necessárias para liderar a educação climática. É fundamental que os educadores estejam preparados para lidar com a ansiedade climática e fornecer esperança e caminhos positivos para ação para seus alunos.

A colaboração entre as instituições educacionais e uma ampla gama de stakeholders — incluindo famílias, comunidades, empresas, ONGs e governos — é essencial para criar uma abordagem de educação climática holística e eficaz. Parcerias podem oferecer novas perspectivas, recursos e oportunidades de aprendizagem, além de garantir que a educação seja relevante e alinhada com as necessidades locais e globais. A educação para a conscientização climática deve ser contínua e adaptável. Deve evoluir com os avanços científicos e responder às mudanças climáticas e ambientais à medida que ocorrem. Isso implica em uma abordagem de aprendizagem ao longo da vida, onde o conhecimento e as habilidades climáticas são continuamente atualizados e aprimorados, permitindo que indivíduos de todas as idades participem ativamente na proteção e na sustentabilidade do meio ambiente.

A educação é uma das ferramentas mais poderosas que temos para enfrentar as mudanças climáticas e promover a sustentabilidade. Ela tem o potencial de transformar nossa compreensão e resposta às mudanças climáticas, capacitando indivíduos e comunidades a tomar ações informadas e significativas. Ao investir na educação e na conscientização ambiental, estamos investindo em um futuro mais sustentável e resiliente, onde cada pessoa está equipada com o conhecimento, as habilidades e a motivação para fazer a diferença no mundo. Através da educação, podemos cultivar uma geração informada e dedicada à proteção do nosso planeta, pronta para enfrentar os desafios climáticos com inteligência, compaixão e determinação.

CAPÍTULO 17: POLÍTICAS PÚBLICAS E MUDANÇAS CLIMÁTICAS

As mudanças climáticas representam um dos maiores desafios globais do nosso tempo, afetando todas as nações, economias e comunidades ao redor do mundo. Neste contexto, as políticas públicas surgem como ferramentas essenciais na mitigação de seus impactos e na adaptação às novas realidades climáticas. A eficácia dessas políticas serve como resposta adequada e sustentável às mudanças climáticas, envolvendo uma ampla gama de estratégias, desde a redução de emissões de gases de efeito estufa até o fortalecimento da resiliência climática das comunidades.

Inicialmente, políticas de mitigação se concentram em reduzir as causas das mudanças climáticas, principalmente através da diminuição das emissões de gases de efeito estufa. Isso pode ser alcançado por meio de uma variedade de abordagens, incluindo o desenvolvimento e implementação de tecnologias de energia limpa, melhorando a eficiência energética, protegendo e restaurando florestas e outros ecossistemas que sequestram carbono, e promovendo práticas agrícolas sustentáveis. Políticas eficazes de mitigação não apenas contribuem para a luta contra as mudanças climáticas, mas muitas vezes trazem benefícios adicionais, como ar mais limpo, maior segurança energética e novas oportunidades econômicas.

Por outro lado, políticas de adaptação são projetadas para ajudar indivíduos, comunidades e países a ajustar suas estruturas econômicas, sociais e ambientais às mudanças climáticas já em curso ou previstas. Isso inclui fortalecer a infraestrutura crítica, como sistemas de água e energia, para torná-los mais resistentes a eventos climáticos extremos, implementar práticas agrícolas que possam suportar mudanças nas condições climáticas, e desenvolver planos de gestão de risco de desastres. Políticas de adaptação eficazes requerem uma compreensão detalhada dos impactos climáticos específicos para cada região e a capacidade de prever e responder a essas mudanças de maneira flexível e eficiente.

A formulação e implementação de políticas públicas enfrentam vários desafios. Estes incluem a necessidade de equilibrar preocupações econômicas, sociais e ambientais; a coordenação entre diferentes níveis de governo e setores da sociedade; e a gestão de incertezas e riscos associados às mudanças climáticas. As políticas devem ser projetadas para serem flexíveis e adaptáveis, capazes de evoluir à medida que novas informações e tecnologias se tornam disponíveis.

Um aspecto necesssário para o sucesso das políticas públicas é a participação e o engajamento de todas as partes interessadas. A colaboração e o consenso entre esses diferentes atores podem aumentar a eficácia e a aceitação das políticas, garantindo que as ações climáticas sejam implementadas de forma justa e equitativa. As mudanças climáticas são um problema global que requer uma resposta de todos os países. Acordos internacionais, como o Acordo de Paris, estabelecem metas e *frameworks* para a ação climática, enquanto o compartilhamento de conhecimento, tecnologia e recursos pode ajudar todos os países, especialmente aqueles em desenvolvimento, a atingir suas metas de mitigação e adaptação. Desta feita, a resposta às mudanças climáticas exige uma abordagem política abrangente e coordenada, que integre mitigação e adaptação, equilibre diferentes interesses e seja informada por ciência sólida e participação pública. As políticas públicas efetivas são vitais não somente no que tange o combate as mudanças do clima, mas também para construir um futuro sustentável e resiliente para todas as nações e povos.

Neste capítulo, discutimos a complexidade e a importância das políticas públicas no contexto das mudanças climáticas, ressaltando a necessidade de ação imediata, inovadora e colaborativa para proteger nosso planeta e garantir o bem-estar das gerações presentes e futuras. É importante reconhecer a necessidade de uma abordagem integrada que considere as interconexões entre clima, economia, saúde e justiça social. As políticas não devem existir em silos, mas sim ser parte de uma estratégia maior que vise o desenvolvimento sustentável e a equidade. Isto envolve o alinhamento de políticas climáticas com objetivos econômicos mais amplos, a proteção da saúde pública e a garantia de que todas as comunidades, especialmente as mais vulneráveis, sejam protegidas e beneficiadas pelas ações climáticas.

A transição para uma economia de baixo carbono é um componente essencial das políticas de mitigação climática. Isto pode envolver incentivos para energias renováveis, regulamentações para reduzir as emissões de gases de efeito estufa, impostos sobre carbono e a eliminação gradual de subsídios para combustíveis fósseis. É vital que essa transição seja justa e inclusiva, evitando desigualdades e assegurando que os trabalhadores e comunidades afetados pela mudança de indústrias sejam apoiados através de treinamento, educação e oportunidades de emprego em setores emergentes. Políticas públicas eficazes devem ser baseadas em evidências científicas sólidas e na melhor compreensão disponível dos sistemas climáticos e de seus impactos. Isto envolve o investimento em pesquisa e desenvolvimento, o fortalecimento dos sistemas de monitoramento e previsão climática e a integração de conhecimentos científicos nos processos de tomada de decisão. A ciência deve informar não apenas a formulação de políticas, mas também a avaliação contínua de sua eficácia e a necessidade de ajustes ou mudanças de curso.

A governança climática eficaz requer também transparência, responsabilidade e participação pública. Políticas e ações devem ser comunicadas claramente e de forma acessível, permitindo que os cidadãos entendam, questionem e contribuam para a agenda climática. O engajamento público, através de consultas, parcerias com organizações da sociedade civil e espaços para inovação comunitária, pode enriquecer a formulação e implementação de políticas, aumentando sua aceitação e eficácia.

A adaptação às mudanças climáticas requer políticas que fortaleçam a resiliência de comunidades, ecossistemas e infraestruturas. Isto pode incluir o desenvolvimento de planos de gestão de riscos de desastres, a construção de infraestrutura resiliente ao clima, o apoio à adaptação na agricultura e outros setores vulneráveis e a proteção e restauração de ecossistemas que fornecem serviços essenciais de regulação climática. A adaptação é particularmente crítica para países e comunidades que já estão enfrentando os impactos severos das mudanças climáticas, e requer um suporte internacional robusto para construir capacidade e compartilhar recursos.

A eficácia das políticas climáticas é muitas vezes determinada pelo seu contexto político e econômico. Isso significa que liderança, vontade política e cooperação entre diferentes níveis de governo e entre países são fundamentais. Financiamento adequado, incentivos econômicos alinhados e parcerias entre setor público, privado e terceiro setor são essenciais para implementar e sustentar ações climáticas. A colaboração internacional, através de acordos globais e iniciativas de cooperação, continua a ser uma pedra angular para uma resposta global efetiva às mudanças climáticas. Políticas públicas efetivas para mudanças climáticas são aquelas que integram mitigação e adaptação dentro de um quadro de desenvolvimento sustentável e justiça social. Elas são informadas pela ciência, orientadas pela comunidade, financeiramente sustentáveis e politicamente apoiadas. Enquanto enfrentamos os desafios climáticos cada vez mais urgentes, estas políticas não são apenas desejáveis, são essenciais para garantir um futuro sustentável e justo para todos. As mudanças climáticas são um fenômeno dinâmico e complexo, e as políticas precisam ser capazes de se adaptar rapidamente a novas informações e circunstâncias. Isso significa criar mecanismos de revisão e ajuste regulares, incentivando a experimentação e a aprendizagem contínua, e promovendo uma cultura de inovação em toda a administração pública. A implementação de políticas climáticas eficazes também requer uma compreensão detalhada das especificidades locais e regionais. As mudanças climáticas afetam diferentes áreas de maneiras variadas, e as respostas devem ser adaptadas às necessidades, capacidades e circunstâncias específicas de cada localidade. Isso envolve não apenas governos nacionais, mas também uma forte liderança e participação no nível local, onde muitas das ações de mitigação e adaptação serão implementadas. A descentralização e a capacitação de autoridades locais podem ser estratégias eficazes para garantir que as políticas sejam relevantes, aceitas e eficientes.

Do mesmo modo, as políticas climáticas devem ser integradas a outras áreas de política pública, criando sinergias e evitando conflitos. As mudanças climáticas estão intrinsecamente ligadas a questões de desenvolvimento econômico, saúde, segurança alimentar, energia, transporte e muito mais. Uma abordagem integrada pode garantir que as políticas climáticas reforcem e sejam reforçadas por outras políticas, maximizando os benefícios e minimizando os custos e trade-offs.

A justiça climática é outro aspecto crítico das políticas públicas. As mudanças climáticas muitas vezes afetam desproporcionalmente os mais vulneráveis, incluindo comunidades pobres, minorias, mulheres e futuras gerações. Políticas climáticas eficazes devem abordar essas desigualdades, garantindo que todos tenham acesso aos recursos e oportunidades necessários para se adaptar e prosperar em um clima em mudança. Isso envolve não apenas medidas de proteção e apoio para os mais vulneráveis, mas também a garantia de que suas vozes e necessidades sejam consideradas na formulação e implementação de políticas. As mudanças climáticas são um desafio global que não respeita fronteiras nacionais, e sua efetiva mitigação e adaptação requerem esforços coordenados em todo o mundo. Isso inclui não apenas acordos globais para reduzir emissões e compartilhar tecnologias, mas também apoio financeiro e técnico para países em desenvolvimento, que muitas vezes têm menos recursos para enfrentar os desafios climáticos. A solidariedade e a cooperação internacional podem garantir que todos os países possam contribuir para e se beneficiar da luta contra as mudanças climáticas.

Por fim, o sucesso das políticas climáticas depende do engajamento e apoio da população. A conscientização e educação sobre as mudanças climáticas, seus impactos e as medidas necessárias para enfrentá-las são fundamentais para construir esse apoio. Políticas públicas devem ser acompanhadas de campanhas de comunicação e participação pública que informem, inspirem e envolvam todos os cidadãos no esforço climático. O envolvimento ativo e informado da população não apenas aumenta a aceitação e eficácia das políticas, mas também fomenta uma sociedade mais resiliente e adaptativa.

Políticas públicas efetivas para mudanças climáticas são aquelas que são inovadoras, flexíveis, localmente adaptadas, integradas, justas e apoiadas pela população. Elas requerem uma combinação de liderança política, colaboração internacional, participação local e engajamento público. À medida que avançamos em direção a um futuro incerto, essas políticas são nossas melhores ferramentas para garantir um planeta habitável e próspero para as gerações presentes e futuras. O desafio das mudanças climáticas é imenso, mas com políticas públicas corajosas e eficazes, podemos enfrentá-lo e construir um futuro sustentável para todos.

CAPÍTULO 18: INOVAÇÃO E TECNOLOGIA CONTRA AS MUDANÇAS CLIMÁTICAS

A luta contra as mudanças climáticas é uma das maiores e mais urgentes batalhas da nossa era, e a inovação e a tecnologia estão na linha de frente dessa luta. Enquanto o mundo se esforça para mitigar os efeitos adversos e se adaptar às realidades das mudanças climáticas, uma onda de inovações tecnológicas promete transformar radicalmente nossa capacidade de responder a este desafio global. Este capítulo explora algumas das tecnologias emergentes e inovações que estão moldando o futuro da ação climática, abordando seu potencial, desafios e o caminho a seguir para sua implementação e disseminação.

Primeiramente, as energias renováveis estão no centro das tecnologias que combatem as mudanças climáticas. Avanços em energia solar, eólica, hidrelétrica e de biomassa estão transformando o setor energético, oferecendo alternativas mais limpas e sustentáveis aos combustíveis fósseis. Inovações em eficiência e armazenamento de energia, como baterias mais eficientes e soluções de armazenamento em larga escala, estão resolvendo desafios históricos associados à intermitência e distribuição de energias renováveis. É importante salientar como a captura e armazenamento de carbono, que surge como uma tecnologia promissora para reduzir as emissões de gases de efeito estufa, são importantes. Esta tecnologia envolve a captura de dióxido de carbono diretamente de fontes industriais e de energia, e sua subsequente armazenamento em formações geológicas subterrâneas, evitando que ele entre na atmosfera. Embora ainda haja desafios técnicos e econômicos a serem superados, a CAC tem o potencial de desempenhar uma função significativo na mitigação das mudanças climáticas, especialmente em setores onde a redução de emissões é particularmente difícil.

A agricultura de precisão e as tecnologias agroecológicas representam outro campo de inovação vital para a ação climática. Combinando o uso de sensores, sistemas de posicionamento global (GPS) e outras tecnologias, a agricultura de precisão permite uma gestão mais eficiente dos recursos agrícolas, minimizando o desperdício e maximizando a produtividade. Ao mesmo tempo, práticas agroecológicas, como cultivos diversificados, agroflorestais e orgânicos, promovem a resiliência dos ecossistemas agrícolas e reduzem sua pegada ambiental.

No âmbito urbano, cidades inteligentes e infraestrutura verde estão redefinindo a maneira como vivemos e interagimos com nosso ambiente. Cidades inteligentes utilizam dados, inteligência artificial e tecnologias de rede para otimizar tudo, desde o tráfego e o gerenciamento de resíduos até a eficiência energética e a qualidade do ar. Paralelamente, a infraestrutura verde, incluindo telhados verdes, paredes vivas e corredores verdes, está transformando espaços urbanos, melhorando a biodiversidade, reduzindo a poluição e criando ambientes mais saudáveis e agradáveis para viver.

Outra inovação promissora é a economia circular, que visa criar um sistema econômico regenerativo através da minimização do desperdício e do reaproveitamento contínuo de recursos. Isso envolve desde o design de produtos mais duráveis e fáceis de reparar até sistemas avançados de reciclagem e reutilização. Ao reduzir a necessidade de extração de novos recursos e minimizar o lixo, a economia circular pode ter um impacto significativo na redução das emissões de gases de efeito estufa e no apoio a um desenvolvimento mais sustentável.

Apesar do grande potencial dessas tecnologias e inovações, sua implementação e disseminação enfrentam diversos desafios. Estes incluem barreiras técnicas, econômicas e regulatórias, bem como a necessidade de investimentos significativos em pesquisa e desenvolvimento. A inovação e a tecnologia oferecem ferramentas poderosas na luta contra as mudanças climáticas, com o potencial de transformar nossa economia, sociedade e ambiente. Ao investir em pesquisa, superar barreiras e promover a cooperação global, podemos acelerar a adoção dessas tecnologias emergentes e avançar em direção a um futuro mais sustentável e resiliente. As decisões e ações que tomamos hoje determinarão a eficácia com que utilizamos estas inovações para combater as mudanças climáticas e garantir o bem-estar das gerações presentes e futuras.

Torna-se evidente que o sucesso dessas inovações não depende apenas do avanço técnico, mas também da capacidade de integrar essas tecnologias na sociedade de maneiras economicamente viáveis e socialmente aceitáveis. A adoção generalizada de tecnologias climáticas emergentes requer uma consideração cuidadosa dos contextos culturais, econômicos e políticos em que serão implementadas.

A bioenergia com captura e armazenamento de carbono (BECCS), por exemplo, apresenta uma promessa significativa ao produzir energia enquanto potencialmente remove dióxido de carbono da atmosfera. No entanto, sua implementação em larga escala deve considerar implicações para o uso da terra, a segurança alimentar e a biodiversidade, bem como os custos econômicos e infraestruturais associados. Da mesma forma, a geoengenharia, que envolve intervenções em larga escala no sistema climático terrestre para mitigar os efeitos das mudanças climáticas, levanta questões éticas, políticas e de governança que devem ser cuidadosamente examinadas.

A digitalização e a inteligência artificial (IA) oferecem capacidades revolucionárias em termos de eficiência energética, otimização de recursos e modelagem climática. Redes inteligentes, cidades inteligentes e agricultura de precisão são apenas alguns exemplos de como a IA pode ser utilizada para combater as mudanças climáticas. No entanto, a rápida adoção dessas tecnologias deve ser equilibrada com considerações sobre privacidade, segurança e a potencial desigualdade na distribuição de benefícios.

A inovação em materiais também é um campo promissor, com o desenvolvimento de novos materiais e processos que podem reduzir significativamente as emissões de gases de efeito estufa. Materiais avançados para construção, embalagens sustentáveis e têxteis eficientes são exemplos de como a inovação material pode contribuir para uma economia mais sustentável. No entanto, a transição para esses novos materiais exige mudanças na cadeia de suprimentos, na fabricação e nos padrões de consumo, além de considerações sobre o ciclo de vida completo e o impacto ambiental dos materiais.

Além de desenvolver e implementar novas tecnologias, é igualmente importante inovar em modelos de negócios, estratégias de financiamento e políticas públicas. Modelos de negócios que promovem a economia circular, o compartilhamento de recursos e a sustentabilidade podem acelerar a adoção de tecnologias limpas e práticas sustentáveis. Estratégias de financiamento inovadoras, como *green bonds* e fundos de investimento em clima, podem fornecer o capital necessário para pesquisa, desenvolvimento e implementação de tecnologias climáticas. Políticas públicas que criam um ambiente favorável para a inovação, através de incentivos, regulamentações e apoio à pesquisa, são fundamentais para moldar um futuro sustentável.

Por fim, a colaboração e o engajamento são essenciais para o sucesso das inovações tecnológicas contra as mudanças climáticas. Isso inclui a colaboração entre cientistas, engenheiros, empresas, governos e comunidades, bem como o engajamento do público em geral. A conscientização e a educação sobre as mudanças climáticas e as soluções tecnológicas disponíveis podem incentivar a aceitação e adoção dessas inovações, enquanto a colaboração internacional pode acelerar o compartilhamento de conhecimentos, recursos e tecnologias. No entanto, o sucesso dessas inovações dependerá da nossa capacidade de integrá-las de forma eficaz e responsável em nossos sistemas econômicos, sociais e políticos, garantindo que beneficiem a todos e contribuam para a justiça e a sustentabilidade globais. À medida que avançamos, devemos abraçar a inovação com um olhar crítico e colaborativo, garantindo que a tecnologia sirva como uma força para o bem no nosso clima em constante mudança.

É importante considerar a natureza interdisciplinar e intricada destas soluções. A eficácia das tecnologias emergentes em combater as mudanças climáticas dependerá de uma abordagem integrada que considere fatores técnicos, sociais, econômicos e éticos. A inovação deve ser acompanhada por uma avaliação rigorosa do ciclo de vida, garantindo que os benefícios ambientais não sejam ofuscados por impactos negativos não intencionais em outras áreas.

Na vanguarda das soluções tecnológicas estão os avanços em eficiência energética e renováveis. A eficiência energética, em particular, é muitas vezes vista como uma "tecnologia de baixo penduricalho" devido ao seu potencial de reduzir rapidamente as emissões e os custos. Edifícios e indústrias mais eficientes, veículos elétricos e sistemas de iluminação de baixo consumo são apenas alguns exemplos de como a eficiência pode ser aumentada em toda a sociedade. A inovação contínua nessas áreas não só ajuda a mitigar as mudanças climáticas, mas também promove a segurança energética e a competitividade econômica.

As energias renováveis, como a solar e a eólica, continuam a diminuir em custo e a aumentar em eficiência, tornando-se cada vez mais competitivas com os combustíveis fósseis. Novas formas de energia renovável, como a marítima e a geotérmica, estão sendo exploradas e desenvolvidas. No entanto, a integração de uma alta proporção de energias renováveis intermitentes na rede elétrica apresenta desafios significativos. Inovações em armazenamento de energia, redes inteligentes e gestão da demanda são vitais para criar sistemas de energia flexíveis e confiáveis que possam acomodar essas fontes de energia.

Além das soluções focadas na energia, tecnologias em áreas como a agricultura e o uso da terra oferecem um potencial significativo para mitigar as mudanças climáticas. Práticas agrícolas sustentáveis, cultivos resistentes ao clima e melhor gestão do solo podem reduzir as emissões e ao mesmo tempo aumentar a sequestração de carbono. A restauração de ecossistemas, como florestas e manguezais, e a proteção de habitats naturais são essenciais para manter a biodiversidade e os serviços ecossistêmicos, além de serem poderosos sumidouros de carbono.

A inovação tecnológica também oferece novas oportunidades para a adaptação às mudanças climáticas. Desde sistemas de alerta precoce para eventos climáticos extremos até infraestrutura resistente ao clima e seguros baseados em índices, as tecnologias podem ajudar as comunidades a se prepararem e responderem mais eficazmente aos impactos das mudanças climáticas. No entanto, a adaptação eficaz requer não apenas tecnologia, mas também uma compreensão dos sistemas sociais e uma participação ativa das comunidades afetadas.

A governança da inovação tecnológica é outro aspecto crítico. Para garantir que as tecnologias emergentes sejam desenvolvidas e implementadas de forma responsável, é necessário um quadro regulatório robusto, padrões internacionais e uma vigilância ética rigorosa. Políticas e incentivos podem estimular a inovação e a adoção de tecnologias climáticas, enquanto garantem que os benefícios sejam amplamente distribuídos e que as desigualdades não sejam exacerbadas.

Por fim, o engajamento e a colaboração global são fundamentais para impulsionar a inovação e a tecnologia contra as mudanças climáticas. Uma abordagem colaborativa, envolvendo governos, empresas, acadêmicos, ONGs e comunidades, pode acelerar o desenvolvimento e a difusão de tecnologias climáticas. A cooperação internacional, especialmente o apoio aos países em desenvolvimento através de transferência de tecnologia e financiamento, é vital para garantir uma resposta global eficaz e equitativa às mudanças climáticas.

A inovação e a tecnologia oferecem caminhos promissores para enfrentar as mudanças climáticas, mas seu sucesso depende de uma abordagem holística e colaborativa. Ao integrar considerações técnicas, sociais, econômicas e éticas, e ao garantir uma governança responsável e participação global, podemos maximizar o potencial das tecnologias emergentes para criar um futuro mais sustentável e resiliente. As decisões e ações tomadas hoje irão moldar o rumo da tecnologia na luta contra as mudanças climáticas e no apoio ao bem-estar das gerações presentes e futuras.

CAPÍTULO 19: ESTRATÉGIAS GLOBAIS E LOCAIS DE ADAPTAÇÃO

À medida que as mudanças climáticas continuam a impactar todas as regiões do mundo, a adaptação emerge como uma necessidade urgente e contínua. Enfrentar os efeitos das mudanças climáticas requer uma combinação de estratégias globais e locais, cada uma com suas próprias abordagens, desafios e soluções. Este capítulo se debruça sobre as diversas maneiras pelas quais as comunidades, nações e o mundo como um todo estão se adaptando às novas realidades climáticas, destacando iniciativas inovadoras, lições aprendidas e caminhos para uma adaptação eficaz e equitativa.

No cenário global, a adaptação às mudanças climáticas é frequentemente coordenada por acordos e programas internacionais. Um dos exemplos mais notáveis é o Acordo de Paris, que além de estabelecer metas para a mitigação de emissões de gases de efeito estufa, também reconhece a importância da adaptação climática e encoraja os países a desenvolverem e implementarem planos de adaptação nacionais. Esses planos são essenciais para identificar riscos climáticos, priorizar ações de adaptação e mobilizar recursos. No entanto, para que sejam eficazes, eles precisam ser baseados em ciência sólida, considerar as vulnerabilidades locais e ser integrados a estratégias de desenvolvimento mais amplas. Fundos climáticos globais, como o Fundo Verde para o Clima, são estabelecidos para financiar projetos de adaptação, transferir tecnologias e construir capacidades. A partilha de conhecimentos, experiências e tecnologias entre países também é vital para uma adaptação eficaz e eficiente. Ao nível local, a adaptação assume muitas formas, refletindo as condições ambientais, sociais e econômicas específicas de cada comunidade. Isso pode incluir a construção de infraestruturas resilientes ao clima, o desenvolvimento de práticas agrícolas que possam suportar condições climáticas extremas, a restauração de ecossistemas naturais para proteger contra inundações e erosões, e a implementação de sistemas de alerta precoce para desastres naturais. As comunidades locais são frequentemente as mais conhecedoras das suas próprias necessidades e condições, e a sua participação ativa é fundamental para o sucesso das iniciativas de adaptação.

Uma abordagem localizada da adaptação muitas vezes envolve a integração de conhecimentos tradicionais e indígenas com ciência moderna. Muitas comunidades indígenas e locais possuem uma compreensão profunda dos seus ambientes e têm desenvolvido práticas adaptativas ao longo de gerações. Esses conhecimentos e práticas podem oferecer valiosas lições e soluções para a adaptação climática, e o seu reconhecimento e integração em estratégias de adaptação mais amplas podem enriquecer e fortalecer as respostas às mudanças climáticas.

Tanto as estratégias globais quanto as locais enfrentam desafios significativos. A adaptação requer não apenas mudanças tecnológicas e infraestruturais, mas também mudanças comportamentais, políticas e econômicas. Isso pode envolver a realocação de comunidades, mudanças nos padrões de consumo e produção, e a reformulação de sistemas econômicos e sociais. A adaptação muitas vezes requer investimentos substanciais, e a alocação justa e eficiente de recursos é um desafio constante.

Enquanto a adaptação é essencial, ela não é uma solução isolada. Deve ser acompanhada por esforços contínuos de mitigação para reduzir as emissões de gases de efeito estufa e limitar o aquecimento global. Somente uma abordagem integrada que combine adaptação e mitigação pode fornecer uma resposta completa às mudanças climáticas.

As estratégias globais e locais de adaptação são componentes críticos da resposta global às mudanças climáticas. Enquanto enfrentamos este desafio sem precedentes, a adaptação eficaz requer cooperação internacional, inovação, participação local e uma visão de longo prazo. Ao trabalharmos juntos para implementar e aprimorar continuamente nossas estratégias de adaptação, podemos construir um futuro mais resiliente e sustentável para todas as comunidades ao redor do mundo.

A adaptação às mudanças climáticas não é uma tarefa isolada; é intrinsecamente ligada a questões de desenvolvimento sustentável, equidade e justiça social. Portanto, as políticas e medidas de adaptação devem ser integradas em estratégias mais amplas de desenvolvimento, considerando os impactos socioeconômicos e ambientais das ações propostas. Essa integração assegura que a adaptação contribua não apenas para a resiliência climática, mas também para objetivos mais amplos como erradicação da pobreza, saúde pública, segurança alimentar e conservação da biodiversidade. No contexto global, isso significa fortalecer a capacidade dos países, especialmente aqueles menos desenvolvidos, para planejar e implementar estratégias de adaptação eficazes. Isso envolve não apenas assistência financeira, mas também transferência de tecnologia, capacitação e suporte técnico. As nações desenvolvidas devem ser diretamente responsabilizadas em desempenhar, não apenas em termos de cumprimento de compromissos financeiros, mas também na liderança pelo exemplo através da implementação de políticas de adaptação robustas e da redução de suas próprias emissões de gases de efeito estufa.

No nível local, envolver comunidades no planejamento e implementação de estratégias de adaptação é essencial para garantir que as medidas sejam apropriadas e eficazes. Isso significa ir além da consulta para promover a participação ativa dos cidadãos na tomada de decisões, no monitoramento e na avaliação de políticas e programas. A adaptação local é mais eficaz quando se baseia em uma compreensão profunda dos riscos climáticos específicos de uma região, bem como dos recursos, capacidades e preferências da comunidade. Isso pode envolver a adaptação de práticas agrícolas para resistir a condições climáticas extremas, melhorar a gestão de recursos hídricos, fortalecer infraestruturas para resistir a desastres naturais, e muitas outras medidas específicas. A adaptação local também se beneficia enormemente da integração de conhecimentos tradicionais e indígenas, que muitas vezes oferecem informações importantes sobre maneiras sustentáveis de interagir com o ambiente natural.

Enquanto as estratégias de adaptação são implementadas em todo o mundo, enfrentar os desafios de monitoramento e avaliação é vital. Medir a eficácia das medidas de adaptação é complexo devido à diversidade de intervenções e contextos, bem como ao longo prazo sobre o qual os impactos das mudanças climáticas se manifestam. No entanto, desenvolver sistemas robustos de monitoramento e avaliação é decisivo para aprender o que funciona e o que não funciona, permitindo ajustes e melhorias contínuas nas políticas e práticas. Isso também é essencial para garantir a transparência e a prestação de contas, especialmente em relação ao uso de fundos públicos e internacionais.

Embora a adaptação seja essencial, ela não é uma panaceia. Mesmo os melhores esforços de adaptação não serão suficientes sem ações significativas para reduzir as emissões globais de gases de efeito estufa e limitar o aquecimento global. A adaptação deve, portanto, ser vista como complementar à mitigação, parte de uma resposta abrangente e integrada às mudanças climáticas. Enquanto trabalhamos para adaptar nossas comunidades e economias às mudanças climáticas, devemos também olhar para as oportunidades que esses esforços podem trazer. Isso inclui não apenas evitar perdas e danos, mas também aproveitar novas oportunidades econômicas, melhorar a qualidade de vida e criar sociedades mais justas e sustentáveis. Estratégias globais e locais de adaptação são fundamentais para a resiliência e sustentabilidade em face das mudanças climáticas. Através de uma abordagem holística, colaborativa e integrada, podemos não apenas proteger nossas comunidades e ecossistemas, mas também construir um futuro mais brilhante e seguro para todos.

Uma consideração importante nas estratégias de adaptação é a necessidade de equidade e justiça social. As mudanças climáticas afetam desproporcionalmente aqueles que são menos capazes de se adaptar, incluindo comunidades pobres, minorias e outras populações vulneráveis. Estratégias de adaptação devem, portanto, ser projetadas de maneira a reconhecer e abordar essas vulnerabilidades, garantindo que todos tenham acesso aos recursos necessários para adaptar-se às mudanças climáticas e que ninguém seja deixado para trás. Isso pode envolver medidas específicas para proteger e apoiar populações vulneráveis, bem como esforços mais amplos para reduzir a pobreza, melhorar a saúde e a educação, e promover um desenvolvimento equitativo.

A adaptação às mudanças climáticas também requer uma abordagem multiescalar, envolvendo ações em níveis local, nacional e internacional. Localmente, a adaptação pode envolver mudanças em práticas agrícolas, gestão de água, construção de infraestrutura e planejamento urbano. Nacionalmente, pode envolver a implementação de políticas e regulamentações, o investimento em pesquisa e desenvolvimento, e o fortalecimento de sistemas de saúde e de emergência. Internacionalmente, envolve a cooperação entre países para compartilhar conhecimento, recursos e tecnologias, e para apoiar os países mais vulneráveis na sua adaptação. Estratégias de adaptação devem ser baseadas em uma compreensão sólida dos riscos climáticos e de suas interações com outros fatores sociais, econômicos e ambientais. Isso requer investimentos significativos em pesquisa e desenvolvimento, incluindo a ciência do clima, a modelagem de impactos e a avaliação de vulnerabilidades. Também requer sistemas de monitoramento e de informação que possam fornecer dados precisos e atualizados sobre as mudanças climáticas e seus impactos, permitindo que as comunidades e os tomadores de decisão respondam de forma eficaz.

A implementação eficaz de estratégias de adaptação depende do engajamento e da participação de uma ampla gama de atores, incluindo governos, setor privado, organizações não governamentais, comunidades locais e o público em geral. Isso envolve não apenas a participação na formulação e implementação de estratégias, mas também na monitorização e avaliação do seu progresso e impacto. Através de uma abordagem colaborativa e participativa, é possível construir um consenso em torno da necessidade de adaptação e garantir que as estratégias sejam implementadas de forma eficaz e sustentável.

Em conclusão, as estratégias globais e locais de adaptação são componentes essenciais da resposta às mudanças climáticas. Ao adotar uma abordagem holística, equitativa e multiescalar, e ao investir em pesquisa, tecnologia e colaboração, podemos aumentar a resiliência de nossas comunidades e sistemas às mudanças climáticas e construir um futuro mais sustentável e justo para todos. A adaptação é um desafio complexo e contínuo, mas com comprometimento, inovação e cooperação, é possível criar sociedades capazes de prosperar em um clima em mudança.

CAPÍTULO 20: FUTURO DO CLIMA E DA SAÚDE HUMANA

As projeções climáticas atuais, baseadas em modelos científicos robustos, indicam que, se as emissões de gases de efeito estufa continuarem no ritmo atual, o mundo enfrentará aumentos significativos na temperatura média global, mudanças nos padrões de precipitação, aumento do nível do mar e a frequência e intensidade de eventos climáticos extremos. Essas mudanças têm implicações diretas e indiretas para a saúde humana, incluindo o aumento de doenças relacionadas ao calor, a propagação de doenças infecciosas, desafios para a segurança alimentar e hídrica, e impactos psicológicos e sociais de desastres naturais e deslocamentos forçados.

No entanto, o futuro não está escrito em pedra. A humanidade tem a capacidade, o conhecimento e a tecnologia para alterar o curso das mudanças climáticas. A mitigação, através da redução das emissões de gases de efeito estufa, e a adaptação às mudanças climáticas já em curso são fundamentais para proteger a saúde humana. Isso inclui a transição para fontes de energia renováveis, o aumento da eficiência energética, a adoção de práticas agrícolas e industriais sustentáveis, e o fortalecimento dos sistemas de saúde para responder a novas demandas e desafios.

Além das medidas de mitigação e adaptação, há uma crescente conscientização da necessidade de sistemas de saúde resilientes que possam resistir e se recuperar de impactos climáticos adversos. Isso significa não apenas fortalecer a infraestrutura física, mas também investir em recursos humanos, em sistemas de vigilância e resposta a emergências, e em pesquisa e desenvolvimento. A colaboração internacional e o financiamento adequado serão essenciais para apoiar os países mais vulneráveis na construção de sistemas de saúde resilientes.

Há também uma luz de esperança nas inovações tecnológicas e na crescente mobilização da sociedade civil. De tecnologias de energia limpa a práticas agrícolas regenerativas, a inovação oferece novas ferramentas para combater as mudanças climáticas e proteger a saúde humana. Movimentos globais por justiça climática estão ganhando força, pressionando governos e setores privados a adotarem ações mais ambiciosas e justas contra as mudanças climáticas.

O futuro do clima e da saúde humana dependerá em grande parte das decisões e ações tomadas hoje. Isso exige uma abordagem coletiva e coordenada, onde governos, empresas, comunidades científicas e indivíduos colaboram para um objetivo comum. A educação e a conscientização são fundamentais para capacitar cidadãos de todas as idades a tomarem decisões informadas e a participarem ativamente da luta contra as mudanças climáticas.

O amanhã é uma tela sobre a qual podemos pintar um cenário de desespero ou esperança, inércia ou ação, doença ou saúde. As escolhas que fazemos agora irão ressoar por gerações. Ao adotar uma abordagem proativa e baseada na ciência para as mudanças climáticas e a saúde humana, podemos aspirar a um futuro em que o clima seja estável e a humanidade prospere em harmonia com o meio ambiente. O futuro do clima e da saúde humana é um reflexo das escolhas políticas, econômicas e sociais que fazemos como uma sociedade global. As mudanças climáticas não afetam a todos igualmente: como citamos anteriormente, as populações mais pobres e vulneráveis do mundo, muitas vezes as que menos contribuíram para as emissões de gases de efeito estufa, são geralmente as mais afetadas. Aprofundar as estratégias de adaptação e mitigação significa também abordar essas desigualdades e trabalhar para uma distribuição mais justa dos custos e benefícios das ações climáticas. Isso inclui melhorar o acesso a tecnologias limpas e sustentáveis, fornecer financiamento adequado para adaptação em países em desenvolvimento e garantir que as vozes das comunidades mais afetadas sejam ouvidas e consideradas nas decisões climáticas.

À medida que olhamos para o futuro, é essencial reconhecer e aproveitar o potencial das cidades como centros de inovação e ação climática. As áreas urbanas são responsáveis por uma grande parte das emissões globais de gases de efeito estufa, mas também são lugares onde mudanças rápidas e significativas são possíveis. As cidades têm o potencial de liderar na transição para uma economia de baixo carbono, promovendo o transporte sustentável, melhorando a eficiência energética dos edifícios, e implementando sistemas de gestão de resíduos e de água mais sustentáveis. Ao mesmo tempo, as cidades podem ser lugares onde a saúde pública é protegida e melhorada através de espaços verdes, ar limpo e acesso a serviços de saúde de qualidade.

A ciência do clima e a saúde pública estão evoluindo rapidamente, e manter-se atualizado com os mais recentes avanços é vital para o planejamento eficaz. Isso inclui não apenas acompanhar as projeções climáticas, mas também entender os efeitos emergentes das mudanças climáticas na saúde, como o impacto no bem-estar mental, na nutrição e nas doenças crônicas. A pesquisa e a inovação contínuas são fundamentais para desenvolver novas tecnologias, práticas e medicamentos que possam ajudar a sociedade a se adaptar e permanecer resiliente frente às mudanças climáticas.

Enquanto olhamos para o futuro, devemos também reconhecer a importância da esperança e do otimismo. Enfrentar as mudanças climáticas é sem dúvida um dos maiores desafios da nossa época, mas também é uma oportunidade para reimaginar e reconstruir o mundo de maneira mais saudável, justa e sustentável. A história humana está repleta de exemplos de inovação e resiliência, e há razões para acreditar que, com a ação coletiva certa, podemos superar os desafios atuais e pavimentar o caminho para um futuro próspero.

À medida que projetamos o futuro do clima e da saúde humana, entendemos que nossa capacidade de prever e modelar esses fenômenos está melhorando, mas ainda há incertezas substanciais. Essas incertezas, no entanto, não devem paralisar a ação; pelo contrário, elas devem incentivar uma abordagem de precaução e preparação. Aprender a viver com incerteza e gerenciá-la de forma eficaz é um elemento-chave para a adaptação e a mitigação das mudanças climáticas, assim como para o planejamento da saúde pública.

Já a tecnologia, enquanto catalisador de mudanças positivas, não pode ser subestimado. Avanços em genética, biotecnologia, monitoramento ambiental, e inteligência artificial têm o potencial de transformar nossa resposta às mudanças climáticas e seus impactos na saúde. Por exemplo, tecnologias de edição genética podem levar ao desenvolvimento de culturas mais resistentes a condições climáticas extremas, enquanto novos sistemas de monitoramento podem fornecer dados em tempo real sobre a disseminação de doenças, a qualidade do ar, e outros fatores de saúde ambiental. No entanto, é fundamental que a inovação tecnológica seja acompanhada por considerações éticas e regulatórias adequadas, garantindo que seus benefícios sejam amplamente compartilhados e que não exacerbe as desigualdades existentes.

A adaptação e a mitigação das mudanças climáticas exigirão mudanças transformacionais em como vivemos, trabalhamos e interagimos com o nosso meio ambiente. Isso inclui mudanças nos padrões de consumo, na mobilidade urbana, na gestão de recursos e na governança global. Embora essas mudanças possam ser desafiadoras, elas também oferecem oportunidades para melhorar a saúde e o bem-estar, por exemplo, através da promoção de dietas mais saudáveis e sustentáveis, cidades mais verdes e habitáveis, e um ar mais limpo.

Uma das maiores esperanças para o futuro reside na mobilização e engajamento crescentes em torno das questões climáticas e de saúde. Movimentos globais liderados por jovens, comunidades locais inovando em adaptação, empresas investindo em soluções sustentáveis, e governos implementando políticas ambiciosas são sinais de um crescente reconhecimento da urgência e da importância de agir. A educação contínua e o envolvimento cívico são fundamentais para sustentar e ampliar esse impulso, capacitando indivíduos de todas as idades e origens a participar ativamente na criação de um futuro mais sustentável.

O futuro do clima e da saúde humana dependerá da nossa capacidade coletiva de enfrentar desafios complexos e interconectados com criatividade, colaboração e determinação. Embora as projeções possam ser preocupantes, elas também fornecem uma chamada clara à ação. Ao unir forças - como comunidades, nações e como uma comunidade global - podemos enfrentar os desafios das mudanças climáticas e proteger a saúde e o bem-estar das gerações presentes e futuras.

À medida que se projeta o futuro do clima e da saúde humana, especialmente sob a ótica da medicina, emergem desafios e oportunidades significativos. As mudanças climáticas afetam diretamente uma vasta gama de determinantes da saúde, incluindo a qualidade do ar, a segurança da água, a nutrição e a incidência de doenças transmissíveis. A medicina, como ciência e prática, está no cerne da resposta a esses desafios, não apenas tratando as consequências para a saúde das mudanças climáticas, mas também de antecipando, prevenindo e mitigando seus impactos.

A adaptação na medicina envolve o fortalecimento da capacidade dos sistemas de saúde para lidar com os crescentes encargos de doenças relacionadas ao clima. Isso pode incluir o aumento da capacidade hospitalar e de emergência, a formação de profissionais de saúde em questões climáticas e saúde, e o desenvolvimento de protocolos para lidar com surtos de doenças relacionados ao clima. Da mesma forma, a vigilância em saúde pública precisa ser intensificada para monitorar e responder a riscos emergentes de saúde, como novas doenças infecciosas ou padrões alterados de doenças conhecidas devido às mudanças climáticas.

Além de fortalecer os sistemas de saúde, a medicina

pode ser um mecanismo proativo na mitigação das mudanças climáticas. Hospitais e clínicas podem se esforçar para se tornarem mais sustentáveis, reduzindo suas emissões de gases de efeito estufa, gerenciando resíduos de forma mais eficaz e implementando práticas de energia limpa. Profissionais de saúde podem se tornar defensores influentes para políticas e comportamentos que reduzam as emissões de carbono, dada a sua compreensão única dos impactos das mudanças climáticas na saúde.

Um dos maiores desafios para a medicina no contexto das mudanças climáticas é a necessidade de uma abordagem integrada e multidisciplinar. As mudanças climáticas afetam tantos aspectos da saúde que uma resposta eficaz requer a colaboração entre médicos, enfermeiros, especialistas em saúde pública, psicólogos, e muitos outros profissionais. Ao mesmo tempo, a medicina e a pesquisa médica são chaves na inovação para o futuro. Isso inclui o desenvolvimento de novos medicamentos e vacinas para doenças emergentes, a melhoria dos modelos de previsão de surtos de doenças e a adaptação de intervenções de saúde para ambientes em mudança. A pesquisa pode também explorar como as intervenções de saúde podem ser projetadas para serem resilientes às mudanças climáticas, garantindo que os avanços médicos sejam robustos frente a um clima em constante mudança.

A medicina enfrenta a tarefa de educar e engajar. Os profissionais de saúde têm uma plataforma poderosa para educar o público sobre as relações entre clima e saúde e para promover estilos de vida que sejam saudáveis tanto para as pessoas quanto para o planeta. Ao modelar e defender práticas sustentáveis, os profissionais de saúde podem liderar pelo exemplo e inspirar uma mudança cultural mais ampla em direção à sustentabilidade e saúde.

O futuro do clima e da saúde humana oferece desafios significativos, mas também oportunidades para a medicina se reinventar e responder de forma eficaz. Enfrentar as mudanças climáticas exige uma medicina que seja não só curativa, mas também preventiva, resiliente e sustentável. Com a colaboração, inovação e liderança, a medicina pode ajudar a pavimentar o caminho para um futuro mais saudável, tanto para a humanidade quanto para o planeta que compartilhamos.

CONCLUSÃO:

Ao longo dos capítulos deste livro, exploramos a complexa e intrincada relação entre as mudanças climáticas e a saúde humana, um tema de profunda importância e relevância na era atual. A partir do entendimento básico e científico das mudanças climáticas, passando pela sua história, causas e efeitos, até as estratégias globais e locais para enfrentá-las, este livro procurou fornecer um panorama abrangente e aprofundado sobre como o clima em mudança afeta todos os aspectos da vida na Terra.

Aprendemos sobre como as atividades humanas, principalmente a queima de combustíveis fósseis e a alteração dos ecossistemas, têm contribuído para mudanças climáticas significativas, resultando em um aumento da frequência de eventos climáticos extremos, alterações nos padrões de doenças, impactos na biodiversidade, na agricultura, nos recursos hídricos e na infraestrutura humana. Também examinamos as complexas implicações das mudanças climáticas para a saúde respiratória, saúde mental, nutrição e migração, destacando como esses impactos são profundos e *far-reaching*. A partir de avanços tecnológicos em energias renováveis, agricultura sustentável e medicina, até esforços globais e comunitários para adaptar-se e construir resiliência, este livro enfatizou a necessidade de ação urgente, inovação contínua e colaboração global.

O futuro do clima e da saúde humana é incerto e depende das ações que tomamos hoje. As projeções científicas nos fornecem um aviso, mas também uma oportunidade de mudar o curso para um futuro mais sustentável e saudável. Cada capítulo deste livro compõe um relato dos desafios que enfrentamos e enfrentaremos; é um testemunho do potencial humano para inovação, adaptação e resiliência.

Concluímos este livro com uma nota de esperança e determinação. As mudanças climáticas são um dos maiores desafios do nosso tempo, mas também uma oportunidade sem precedentes para repensar como vivemos, trabalhamos e interagimos com o mundo ao nosso redor. Com ação coletiva, inovação e solidariedade, podemos construir um futuro onde o equilíbrio entre o clima, a saúde e o bem-estar seja uma realidade. O caminho à frente é desafiador, mas juntos, temos a capacidade, a criatividade e a determinação para enfrentar as mudanças climáticas e proteger a saúde e o bem-estar das gerações presentes e futuras. Este livro é um convite à ação - para indivíduos, comunidades, nações e o mundo - para se unirem na criação de um futuro mais brilhante e sustentável.

BIBLIOGRAFIA

ARAOS, Malcolm, *et al*. **Climate change and health in cities: impacts of heat and air pollution and potential co-benefits from mitigation and adaptation**. Current Opinion in Environmental Sustainability, 2016.

BELL, Jesse E., *et al*. **Changes in the extremes of the climate simulated by PCM, the Parallel Climate Model, under CO_2 doubling.** Journal of Climate, 2004.

LUBER, George; MCGEEHIN, Michael. **Climate Change and Extreme Heat Events**. American Journal of Preventive Medicine, 2008.

BERRY, Helen L., *et al*. **The impact of climate change on mental health: a systematic descriptive review**. International Journal of Public Health, 2010.

BURKE, Marshall, *et al*. **Global non-linear effect of temperature on economic production**. Nature, 2015.

BUTLER, Colin D.; ADGER, W. Neil. **Social and ecological resilience: are they related?** Progress in Human Geography, 2005.

CAMINADE, Cyril, *et al*. **Impact of climate change on global malaria distribution**. Proceedings of the National Academy of Sciences, 2014.

COSTELLO, Anthony, *et al*. **Managing the health effects of climate change**: Lancet and University College London Institute for Global Health Commission. The Lancet, 2009.

DESSLER, Andrew E.; PARSON, Edward A. **The Science and Politics of Global Climate Change**: A Guide to the Debate. Cambridge University Press, 2019.

DIFFENBAUGH, Noah S.; BURKE, Marshall. **Global warming has increased global economic inequality**. Proceedings of the National Academy of Sciences, 2019.

EBI, Kristie L.; BURTON, Ian. **Identifying practical adaptation options: an approach to address climate change-related health risks.** Environmental Science & Policy, 2008.

EBI, Kristie L., *et al.* **Health risks of climate change: Act now or pay later.** The Lancet, 2009.

FIELD, Christopher B., *et al.* (eds.). **Managing the Risks of Extreme Events and Disasters to Advance Climate Change Adaptation**. Cambridge University Press, 2012.

FRUMKIN, Howard, *et al.* **Environmental Health: From Global to Local**. Jossey-Bass, 2016.

GASPARRINI, Antonio, *et al.* **Mortality risk attributable to high and low ambient temperature: a multicountry observational study**. The Lancet, 2015.

GIFFORD, Robert. The Dragons of Inaction: **Psychological Barriers That Limit Climate Change Mitigation and Adaptation**. American Psychologist, 2011.

HAINES, Andy; EBI, Kristie. **The Imperative for Climate Action to Protect Health**. New England Journal of Medicine, 2019.

HOUGHTON, John. Global Warming: **The Complete Briefing**. 5. ed. Cambridge University Press, 2015.

HSIANG, Solomon M., *et al.* **Estimating economic damage from climate change in the United States.** Science, 2017.

INTERGOVERNMENTAL PANEL ON CLIMATE CHANGE (IPCC). **Climate Change 2021: The Physical Science Basis. Contribution of Working Group I to the Sixth Assessment Report of the Intergovernmental Panel on Climate Change.** Cambridge University Press, 2021.

KINNEY, Patrick L. **Climate Change, Air Quality, and Human Health.** American Journal of Preventive Medicine, 2008.

KJELLSTROM, Tord, *et al.* **Workplace heat stress, health and productivity - an increasing challenge for low and middle-income countries during climate change.** Global Health Action, 2009.

KOLBERT, Elizabeth. **The Sixth Extinction: An Unnatural History.** Henry Holt and Co, 2014.

LOWE, Rachel, *et al.* **Climate services for health: predicting the evolution of the 2016 dengue season in Machala, Ecuador.** The Lancet Planetary Health, 2017.

MANN, Michael E. **The Hockey Stick and the Climate Wars: Dispatches from the Front Lines.** Columbia University Press, 2012.

MCBEAN, Gordon; KOVACS, Paul. **Climate Change and Extreme Weather: A Basis for Action.** Canadian Meteorological and Oceanographic Society, 2017.

MCMICHAEL, Anthony J. **Climate Change and Human Health: Risks and Responses.** WHO, 2003.

MCMICHAEL, Anthony J., *et al.* **Climate Change and Human Health - Risks and Responses.** WHO, 2003.

MYERS, Samuel S., *et al.* **Climate Change and Global Food Systems: Potential Impacts on Food Security and Undernutrition.** Annual Review of Public Health, 2017.

NORDHAUS, William. **The Climate Casino: Risk, Uncertainty, and Economics for a Warming World.** Yale University Press, 2013.

PATZ, Jonathan A.; OLSON, Sarah H. **Climate change and health: global to local influences on disease risk.** Annals of Tropical Medicine & Parasitology, 2006.

PATZ, Jonathan A., *et al.* **The impact of global climate change on human health.** Environmental Health Perspectives, 2005.

PECL, Gretta T., *et al.* **Biodiversity redistribution under climate change: Impacts on ecosystems and human well-being.** Science, 2017.

ROBERTS, David. **Disasters and Climate Change.** MIT Press, 2017.

ROCKSTRÖM, Johan, *et al.* **A Safe Operating Space for Humanity.** Nature, 2009.

ROMM, Joseph. **Climate Change: What Everyone Needs to Know.** Oxford University Press, 2018.

SHEFFIELD, Perry E.; LANDRIGAN, Philip J. **Global Climate Change and Children's Health: Threats and Strategies for Prevention.** Environmental Health Perspectives, 2011.

SMIT, Barry; WANDEL, Johanna. **Adaptation, adaptive capacity and vulnerability.** Global Environmental Change, 2006.

SMITH, Kirk R., *et al.* **Human health: impacts, adaptation,**

and co-benefits. In: Climate Change 2014: Impacts, Adaptation, and Vulnerability. Part A: Global and Sectoral Aspects. Contribution of Working Group II to the Fifth Assessment Report of the Intergovernmental Panel on Climate Change, 2014.

UNION OF CONCERNED SCIENTISTS. **The Hidden Costs of Fossil Fuels**. Union of Concerned Scientists, 2016.

WATTS, Nick, *et al.* **Health and climate change: policy responses to protect public health**. The Lancet, 2015.

WATTS, Nick, *et al.* **The 2020 report of The Lancet Countdown on health and climate change: responding to converging crises**. The Lancet, 2021.

WILKINSON, Paul, *et al.* **Public health benefits of strategies to reduce greenhouse-gas emissions: household energy**. The Lancet, 2009.

WOODWARD, Alistair, *et al.* **Climate change and health: on the latest IPCC report**. The Lancet, 2014.

WORLD HEALTH ORGANIZATION (WHO). **Climate Change and Health**. WHO, 2021.